일단 합격하고 오겠습니다

ZERTIFIKAT DEUTSCH

독일어 능력시험

정유진 지음

B2

동양북스

일단 합격하고 오겠습니다
ZERTIFIKAT DEUTSCH
독일어 능력시험
B2

초판 1쇄 인쇄 | 2020년 1월 10일
초판 1쇄 발행 | 2020년 1월 20일

지은이 | 정유진
발행인 | 김태웅
편   집 | 김현아, 안현진, 이지혜
마케팅 총괄 | 나재승
마케팅 | 서재욱, 김귀찬, 오승수, 조경현, 양수아, 김성준
온라인 마케팅 | 김철영, 임은희
제   작 | 현대순
총   무 | 김진영, 안서현, 최여진, 강아담
관   리 | 김훈희, 이국희, 김승훈

발행처 | (주)동양북스
등   록 | 제2014-000055호
주   소 | 서울시 마포구 동교로22길 14 (04030)
구입 문의 | 전화 (02)337-1737   팩스 (02)334-6624
내용 문의 | 전화 (02)337-1763   dybooks2@gmail.com

ISBN 979-11-5768-578-3 13750

이 도서의 국립중앙도서관 출판예정도서목록(CIP)은 서지정보유통지원시스템 홈페이지(http://seoji.go.kr)와
국가자료공동목록시스템(http://www.nl.go.kr/kolisnet)에서 이용하실 수 있습니다.
(CIP제어번호:CIP2019052912)

머리말

Als mein erstes Übungsbuch für das Sprachzertifikat B1 auf dem koreanischen Buchmarkt erschien, habe ich mir für das Buch zu B2 gedacht, ich schaffe das locker. Ein ganzes Jahr später und viele Zweifel, Sackgassen und Überarbeitungen später hatte ich das Manuskript fertig. Herausgekommen ist das erste Buch zur neuüberarbeiteten B2 Prüfung.

Obwohl Deutsch seit nun mehr 100 Jahren in Korea unterrichtet wird, erfordert das Erlernen der deutschen Sprache mehr Anstrengungen wegen der unterschiedlichen Sprachsysteme und Kulturen. Die negativen Erfahrungen vorangegangener Spracherfahrungen zeigen eine deutlich negativere Einstellung von Lernern gegenüber der deutschen Sprache, was mich persönlich immer sehr traurig gemacht hat, da ich davon überzeugt war und bin, dass man Deutsch lernen kann.

Aus diesem Grund war es mir wichtig nicht nur meine Spracherfahrungen, sondern auch mein Wissen, das ich in meinem linguistischen und philologischen Studium gesammelt habe, in Form eines kurzen Grammatikteils mit in das Buch einzufügen.

Ich hoffe und wünsche mir, dass alle, die mit dem Buch lernen, einen besseren Zugang zu der deutschen Sprache - insbesondere der Wissenschaftssprache- bekommen und ein erfolgreiches Leben in Deutschland starten können.

Yu–Jin Chung

한국의 출판 시장에 저의 독일어능력시험 B1 첫 교재가 나왔을 때, B2 책은 쉽게 해낼 수 있다고 생각했습니다. 1년이 지나고 여러 의심과 어려움, 그리고 수정 끝에 원고를 완성했습니다. 그 결과 새로 개정된 B2 시험을 대비하는 첫 번째 도서가 나왔습니다.

한국에서는 이미 100년이 넘는 시간 동안 독일어를 가르쳐왔지만, 다양한 언어 체계와 문화 차이 때문에 독일어 습득하는 데에는 많은 노력이 필요합니다. 학습자들의 과거 부정적인 언어 학습 경험은 독일어 학습에 대한 부정적인 태도를 확실하게 보여주고 있습니다. 저는 누구나 독일어를 배울 수 있다고 확신해 왔고, 여전히 확신하고 있기에 이 부분이 항상 개인적으로 매우 아쉬웠습니다.

이러한 이유로 언어 경험뿐만 아니라 언어학 및 어문학 전공에서 얻은 지식을 책 안에서 짧은 문법편의 형태로 담아내는 것이 중요했습니다.

이 책으로 공부하시는 모든 분들께서 독일어를 특히 학술독일어에 더 잘 접근하고 독일에서 성공적인 삶을 시작할 수 있기를 바랍니다.

저자 정유진

Inhaltsverzeichnis 차례

Teil 1 Einführung

 기초 문법 다지기

Teil 2　Training

읽기 **Modul Lesen**

듣기 **Modul Hören**

이 책의 구성과 특징

Teil 1 Einführung 기초 다지기

Kapitel 1   기초 문법 다지기

B2 합격을 위해 필수로 알아야 하는 기초 문법을 정리해 두었습니다. 독일어 실력의 기초가 되는 문법이므로 이 부분은 충분히 공부하셔야 합니다. 문법 내용을 공부하고 연습문제를 풀면서 문장 속에서 문법이 어떻게 활용되는지 알아볼 수 있습니다.

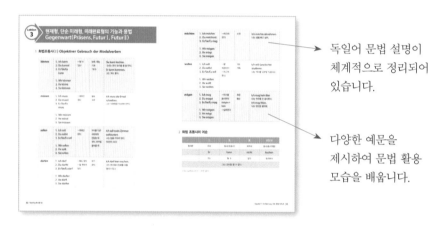

독일어 문법 설명이 체계적으로 정리되어 있습니다.

다양한 예문을 제시하여 문법 활용 모습을 배웁니다.

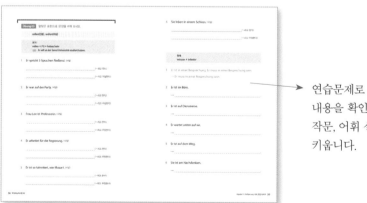

연습문제로 배운 내용을 확인하고 작문, 어휘 실력을 키웁니다.

Kapitel 2 유형별 필수 표현

영역별로 필요한 표현을 정리해 두었습니다. 회화 표현과 그에 따른 문법 사항을 제시해서 표현과 문법을 동시에 학습할 수 있습니다. 하나의 문법 내용으로 여러 상황에 맞추어 문장을 연습하면서 실력을 키울 수 있습니다.

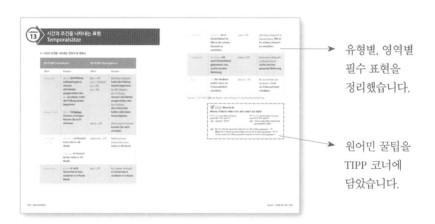

유형별, 영역별
필수 표현을
정리했습니다.

원어민 꿀팁을
TIPP 코너에
담았습니다.

연습문제를 풀면서
앞에서 배운 표현을
확인하고 작문과 어휘
실력을 키웁니다.

Teil 2 Training 실전 문제 풀이

Lesen, Hören, Schreiben, Sprechen 4가지 영역의 문제 유형을 익히고 실제로 문제를 풀면서 연습하는 파트입니다. 시험에 자주 나오는 주제와 문제풀이 전략을 소개했습니다. 듣기와 말하기 파트는 스크립트와 MP3 파일이 있으므로 실전 시험 대비가 가능합니다.

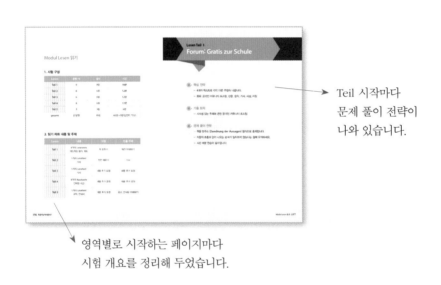

Teil 시작마다
문제 풀이 전략이
나와 있습니다.

영역별로 시작하는 페이지마다
시험 개요를 정리해 두었습니다.

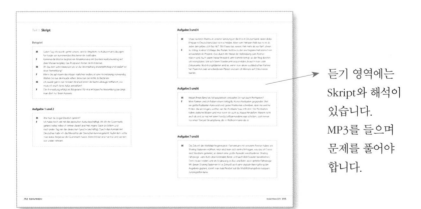

듣기 영역에는
Skript와 해석이
있습니다.
MP3를 들으며
문제를 풀어야
합니다.

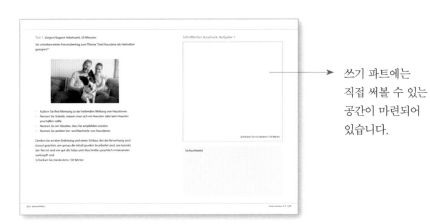

쓰기 파트에는
직접 써볼 수 있는
공간이 마련되어
있습니다.

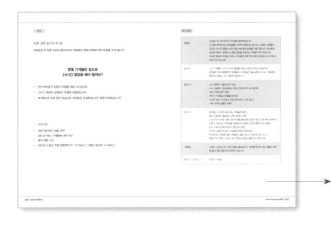

말하기 파트
예시답안은 해석과
MP3 녹음 파일을
제공합니다.

별책부록

MP3 CD

원어민이 녹음한 음성 파일을 MP3 CD로 제공합니다.
Hören 영역의 문제와 Sprechen 영역의 예시 답안을 녹음했습니다.
Hören 영역은 시간을 재면서 문제를 풀어 보세요.
Sprechen 영역의 예시 답안은 듣고 따라 읽으며 자연스러운 속도로
말할 수 있도록 연습해 보세요.

B2 합격 체크북

Hören Skript와 Sprechen 예시 답안을 수록했습니다.
한손에 쏙 들어오는 사이즈로 가볍게 가지고 다니면서
음원을 들으며 공부해 보세요.

MP3 무료 다운로드

MP3 파일은 동양북스 홈페이지 (www.dongyangbooks.com)
자료실에서 '독일어능력시험'을 검색하면 다운받을 수 있습니다.
콜롬북스 앱에서도 MP3 파일을 다운받고 들을 수 있습니다.

정유진 선생님의 저자 직강!
60일 완성 커리큘럼
시원스쿨 강의로 B2를
준비하세요.

시원스쿨 **독일어**

http://germany.siwonschool.com

B2 레벨 소개

 응시 대상

- 독일에서의 대학 진학을 준비 중인 사람
- 취업을 위해 독일어 중급 실력을 증명해야 하는 사람
- 의학 분야에서의 활동을 계획하고 있는 사람
- B2 과정을 성공적으로 이수했음을 증명하고자 하는 사람
- 국제적으로 인증된 공식 증명서가 필요한 사람

Goethe-Zertifikat B2는 성인 및 청소년을 위한 독일어 능력 증명 시험입니다. 본 시험은 중급 어학 능력을 증명하며, 유럽공통참조기준(GER)이 정하는 총 6단계 능력 척도 중 네 번째 단계(B2)에 해당됩니다.

 시험 합격증을 통해 인증되는 능력

- 구체적 혹은 추상적 주제에 대한 복잡한 텍스트의 주요 내용을 이해하며 자신의 특수 분야에 대한 전문적 토론을 이해할 수 있음
- 즉흥적이고 막힘 없는 의사 소통이 가능하여 모국어 사용자간의 평범한 대화에서 큰 무리 없이 쌍방간의 이해가 가능함
- 광범위한 주제에 대해 명확하고 자세하게 표현할 수 있으며, 특정 현안에 대해 입장을 설명하고 다양한 해결책에 내포된 장단점을 제시할 수 있음

 응시요건

괴테 인스티투트의 시험은 관심 있는 모든 이들에게 열려 있고, 최저 연령 제한이 없으며, 독일 국적 유무에 관계없이 누구나 응시할 수 있습니다.
- 청소년용 Goethe-Zertifikat B2 시험에 응시하는 경우, 권고 연령은 만 15세 이상입니다.
- 성인용 Goethe-Zertifikat B2 시험에 응시하는 경우, 권고 연령은 만 16세 이상입니다.
- Goethe-Zertifikat B2 시험은 언어에 관한 유럽공통참조기준(GER) 의 능력 단계 B2에 상응하는 언어 능력을 요구하는 시험입니다.
- 이 단계에 도달하기 위해서는 사전 지식과 학습 요건에 따라 약 600~800단위의 수업(단위당 45 분) 이수를 권장합니다.

Goethe-Zertifikat B2는 읽기, 듣기, 쓰기, 말하기(2인 1조 구두 시험)로 구성됩니다. 시험은 몇몇 시험 기관에서 디지털 방식 및 시험지 기반 방식 혼합으로 치러지고, 전 세계 동일한 기준으로 시행되고 채점합니다.

읽기 Lesen

- 온라인 커뮤니티 포스팅이나 신문/잡지 기사, 사설, 지침 등을 읽은 뒤 주요 정보와 중대한 세부 정보들(입장, 의견, 규칙)을 요약합니다.
- 총 다섯 가지 유형으로 구성되어 있고, 전략적으로 시간을 분배해야 합니다.
- 시험 시간은 65분입니다.

듣기 Hören

- 인터뷰나 강연, 대화, 일상생활 속 표현들이나 라디오 방송에서 발췌한 의견 등을 듣고, 주요 메시지 및 중대한 세부 정보들을 요약합니다.
- 총 네 가지 유형으로 구성되어 있고, 문제를 듣기 전에 선택지를 먼저 훑어보며 주제를 파악해 두는 전략이 필요합니다.
- 시험 시간은 약 40분입니다.

쓰기 Schreiben

- 시사성 있는 주제에 관한 온라인 커뮤니티 포스팅을 읽은 뒤 자신의 의견을 피력하고, 그 근거를 제시합니다. 나아가 직업과 관련된 공식 메시지 한 건을 작성합니다.
- 총 두 가지 유형으로 구성되어 있고, 어떤 내용을 쓸지 미리 계획을 짜고 나서 글을 쓰는 것이 좋습니다.
- 시험 시간은 75분입니다.

말하기 Sprechen

- 주어진 주제에 대한 짧은 발표를 들은 뒤 파트너와 해당 주제에 대해 대화를 나누고 토론을 통해 서로의 주장을 교환합니다.
- 총 두 가지 유형으로 구성되어 있고 유형별 말하기 전략을 연습해 두는 것이 좋습니다.
- 시험 시간은 약 15분입니다.

Teil 1
Einführung

Kapitel 1

기초 문법 다지기

현재형, 단순 미래형, 미래완료형의 기능과 용법
Gegenwart(Präsens, Futur I, Futur II)

1 현재형, 단순 미래형, 미래완료형

Präsens (기본동사)

지금	Sie macht gerade ihre Hausaufgaben.
현실, 사실, 실제	Der Februar hat 28 Tage.
미래 *(시간 부사 포함)	Ich gehe morgen in die Uni.

Futur I (werden + 동사원형)

계획 및 의도(아직 일어나지 않은 일)	Ich werde nächste Woche die B2 Prüfung ablegen.
추측	Das wird nicht gut gehen.
명령 (du와 함께 쓰임, 의문문 형태)	Wirst du damit aufhören? oder: Du wirst damit aufhören.

Futur II (werden + P II + haben/sein)

 TIPP! 미래완료형은 현재완료로 대체할 수 있다.

미래 완료되는 사건/행위	Wenn du wiederkommst, werde ich umgezogen sein (Futur II).

2 현재형 부사

- ▶ 이 순간에 일어나고 있는 행위를 표현하는 부사: gerade, jetzt
- ▶ 이 기간 동안에 일어나고 있는 행위나 트렌드: gerade, im Moment, derzeit, in letzter Zeit
- ▶ 일시적인 상황이나 사건: immer, gerne

3 미래형 부사

- ▶ 앞으로 일어나는 일: bald, morgen, nächste Woche, nächsten Monat, nächstes Jahr

4 미래완료 vs 현재완료

▶ 미래완료형은 현재완료형(미래의 의미)으로 교체할 수 있다.

    예 Ich habe morgen ein neues Auto gekauft.

Übung 01   Präsens 현재
현재형 문장에 알맞은 부사를 넣으세요.

> 지금: **gerade, jetzt**
> 요새: **in letzter Zeit**
> 미래: **bald, morgen**

> z.B. **Ich bin im Internet(지금). → Ich bin gerade im Internet.**

1   Ich lerne Deutsch(요새).

→ _____.

2   Ich warte auf den Bus(지금).

→ _____.

3   Der Delphin ist ein Säugetier(사실).

→ _____.

4   Wir essen zu Mittag(지금).

→ _____.

5   Die Sonne geht im Osten auf(사실).

→ _____.

6   Sie reden alle durcheinander(지금).

→ _____.

7 Die Ferien beginnen(미래).

→ _____.

8 Aller Anfang ist schwer(사실).

→ _____.

9 Wir gehen ins Kino(미래).

→ _____.

10 Die Sommerferien beginnen in diesem Jahr im Juli(사실).

→ _____.

Übung 02   Futur I 미래
단순 미래를 현재 시제로 바꾸세요.

z.B.   **Es wird morgen regnen. → Es regnet morgen.**

1 Es wird übermorgen gewittern.

→ _____.

2 Ich werde morgen mit Karte zahlen.

→ _____.

3 Ich werde gleich das Fenster öffnen.

→ _____.

4 Ich werde nächste Woche heiraten.

→ _____.

5 Sie wird ihn in zwei Tagen besuchen.

→ _____.

6 Das wird nicht gut gehen.

→ _____.

7 Wirst du dein Zimmer aufräumen? (명령형, 의문문 형태)

→ _____.

8 Wirst du aufhören zu lügen!

→ _____.

9 Wirst du die Tür nicht zuschlagen!

→ _____.

10 Ich werde morgen verreisen.

→ _____.

11 Wir werden uns morgen um 13 Uhr treffen.

→ _____.

12 Du wirst dich darauf einstellen.

→ _____.

현재완료를 미래완료로 바꾸세요.

 TIPP! 현재완료는 미래완료를 대용한다. werden + PⅡ + haben/sein

1 Sie sind morgen angekommen.

→ _____.

2 Sie sind bis 19 Uhr nach Hause gegangen.

→ _____.

3 Ich habe die Hausaufgabe bis Ende dieser Woche abgegeben.

→ _____.

4 Ich bin ganz sicher um 17 Uhr angekommen.

→ _____.

5 Ich habe gepackt, wenn du mich abholst.

→ _____.

6 Morgen hast du die Prüfung bestanden.

→ _____.

7 Ich habe um 9 Uhr den Koffer gepackt.

→ _____.

8 Ich habe die Arbeit bis morgen erledigt.

→ _____.

9 In zwei Monaten hat er sein Examen geschafft.

→ _____.

10 Wir haben es bald geschafft.

→ _____ .

11 Wenn du in einer Stunde losgehst, hast du den Bus verpasst.

→ _____ .

12 Sie haben das Auto morgen repariert.

→ _____ .

13 Der Film ist morgen ein Erfolg gewesen.

→ _____ .

14 Ich habe den Test übermorgen bestanden.

→ _____ .

단순 과거, 현재완료, 대과거형의 기능과 용법 Vergangenheit (Perfekt, Präteritum, Plusquamperfekt)

1 단순과거, 현재완료, 대과거

Präteritum 단순 과거

a) 과거에 완료된 사건	Ich aß gestern einen Apfel
b) 소설, 우화	Es war einmal ein König.

Perfekt(haben/sein+PⅡ) 현재완료

a) 과거에 시작되고 현재에도 영향을 주는 상황	Ich bin gestern früh schlafen gegangen. (Folge: Ich bin jetzt fit)
b) 과거	Die Milch ist übergelaufen.

Plusquamperfekt(hatten/waren+PⅡ) 대과거

a) 사건 전 행위/사건 사건 A 최근 일어난 / 먼저 일어난 사건 사건 B 다음에 일어나는 사건입니다. nachdem ~후에 bevor ~하기 전에	A) Nachdem ich mich entschuldigt hatte, B) telefonierten wir lange. A) Wir hatten angefangen zu essen, B) bevor sie ankamen.

2 과거 부사

▶ 구체적인 시점: gestern, letzte Woche,
▶ 구체적이지 않은 시점: vor einiger Zeit, vor langer Zeit, als Kind 동＋주＋목

Übung 01 현재완료형 문장을 만들어 보세요.

> **Es schneit. – gestern Abend (Folge: Die Straßen sind glatt.)**
>
> Antwort:
> **Es hat gestern Abend geschneit.**
> **Gestern Abend hat es geschneit.**

1 Ich lerne durch. - die ganze Nacht (Folge: Ich bin müde.)

   → _____.

2 Ich bin auf Geschäftsreise. - letzte Woche (Folge: Ich konnte nicht zur
   Verabredung kommen.)

   → _____.

3 Ich mache viel Sport. - immer (Folge: Deshalb bin ich so schlank.)

   → _____.

4 Sie lebt in Berlin. - lange (Folge: Sie kennt Berlin gut.)

   → _____.

5 Ich lese das Buch. - bereits (Folge: Ich brauche es nicht noch einmal
   lesen.)

   → _____.

6 Ich esse koreanisch. - desöfteren (Folge: Ich kenne koreanisches
   Essen.)

   → _____.

7 Ich spreche Koreanisch. - lange nicht mehr (Folge: Ich habe
   Koreanisch verlernt.)

   → _____.

8 Ich gehe nach Hause. - gerade (Folge: Ich konnte nicht ans Telefon gehen.)

→ _____ .

9 Ich gehe den Weg zu Fuß. - (Folge: Ich schwitze)

→ _____ .

10 Ich esse. - vorhin (Folge: Ich bin satt.)

→ _____ .

Übung 02 대과거형 문장을 만들어 보세요.

먼저   그 다음에
Er schreibt seine Abschlussarbeit fertig.   **Er lässt sie binden.**

a) Nachdem er seine Abschlussarbeit fertig geschrieben hatte, ließ er sie binden.
b) Bevor er seine Abschlussarbeit binden ließ, hatte er seine Abschlussarbeit
   fertiggeschrieben.

1 Er war sehr müde, weil er _____ .
(nicht gut schlafen)

2 Als ich im Büro ankam, war _____ .
(niemand mehr im Büro sein)

3 Als ich am Bahnhof ankam, war der Zug _____ .
(abfahren)

4 Die Frau fuhr mit dem Auto nach Hause, nachdem sie
_____ . (tanken)

5 Sie beendete die Freundschaft, nachdem sie _____ .
(die Wahrheit erfahren).

6 Bevor sie nach Hause ging, _____ sie viele

Dinge _____. (erledigen)

7 Nachdem ich den ganzen Kuchen _____ _____,

war mir schlecht. (aufessen)

8 Die Deutschprüfung war sehr schwierig, obwohl ich in den

letzten drei Monaten viel dafür _____

_____. (lernen (für))

9 Bevor Yuna Kim so gut Eislaufen konnte, _____ sie sehr lange

_____. (trainieren)

10 Ich verstand alles, nachdem mir der Lehrer die Zusammenhänge

_____ _____. (erklären)

11 Bevor ich sie kennenlernte, _____ ich noch nie Blumen

_____. (kaufen)

Lektion 3
객관식, 주관식 화법조동사 용법
Objektiver und Subjektiver Gebrauch der Modalverben

1 화법조동사(Ⅰ) Objektiver Gebrauch der Modalverben

können	1. Ich kann 2. Du kannst 3. Er/Sie/Es kann 1. Wir können 2. Ihr könnt 3. Sie können	~할 수 있다	능력, 재능 기회 *허가	Sie kann kochen. 그녀는 요리를 할 줄 안다. Er kann kommen. 그는 올 수 있다.
müssen	1. Ich muss 2. Du musst 3. Er/Sie/Es muss 1. Wir müssen 2. Ihr müsst 3. Sie müssen	~해야만 한다	필요 의무	Ich muss die Email schreiben. 나는 이메일을 작성해야 한다.
sollen	1. Ich soll 2. Du sollst 3. Er/Sie/Es soll 1. Wir sollen 2. Ihr sollt 3. Sie sollen	~해야만 한다	지시를 다른 사람에게 전달할 때 위탁, 부탁을 들어줄 때	Ich soll mein Zimmer aufräumen. 나는 방을 치워야 한다. (타인의 지시)
dürfen	1. Ich darf 2. Du darfst 3. Er/Sie/Es darf 1. Wir dürfen 2. Ihr dürft 3. Sie dürfen	~해도 된다, ~할 권리가 있다	허가 금지	Ich darf hier rauchen. 나는 여기에서 담배를 피울 권리가 있다.

möchten	1. Ich möchte 2. Du möchtest 3. Er/Sie/Es mag 1. Wir möchten 2. Ihr möchtet 3. Sie möchten	~하고 싶다	소원	Ich möchte abnehmen. 나는 살을 빼고 싶어.
wollen	1. Ich will 2. Du willst 3. Er/Sie/Es will 1. Wir wollen 2. Ihr wollt 3. Sie wollen	~할 예정이다 ~하고자 한다	의도 계획	Ich will Geschichte studieren. 나는 역사를 공부할 작정이다.
mögen	1. Ich mag 2. Du magst 3. Er/Sie/Es mag 1. Wir mögen 2. Ihr mögt 3. Sie mögen	~하기를 좋아한다 mögen+ kein ~싫어한다	취향 혐오	Ich mag kein Bier. 나는 맥주를 좋아하지 않는다. Ich mag Wein. 나는 와인을 좋아해.

2 화법 조동사의 어순

평서문	I.	II.	III.	문장끝
	주어	동사(조동사)	목적어	동사(동사원형)
	Er	kann	nicht	kochen
	그는	할 수	없다	요리하다
그는 요리를 할 수 없다.				

*Sie sollten(추천) ~하면 좋아

> ⌖ **TIPP!** 〈müssen = 해야 한다〉 아닙니다!
>
> 1. Du solltest ein Seil benutzen. 줄을 사용하는 게 좋아요.
> 2. Du musst ein Seil benutzen. 줄을 꼭 사용해야 합니다.
> 3. Du solltest einen Raumanzug im Weltall tragen. 우주에서 우주복을 입는 게 좋아요.
> 4. Du musst einen Raumanzug im Weltall tragen. 우주에서 우주복을 꼭 입어야 해요.

3 동의어와 유의어

können	**재능, 능력** a) beherrschen (악기/언어만!) b) in der Lage sein, etw. zu tun c) imstande sein, etw. zu tun **기회** a) etw. möglich sein, etw. zu tun b) die Möglichkeit haben, etw. zu tun
möchten	a) würden + gern b) sich wünschen, etw. zu tun
dürfen	a) können b) es ist (nicht) erlaubt, etw. zu tun c) jm. (nicht) berechtigt sein, etw. zu tun
müssen	a) haben + zu b) Es ist nötig, etw. zu tun
sollen	a) jm. ausrichten, dass b) Es wäre besser, wenn
wollen	a) vorhaben, etw. zu tun b) die Absicht haben, etw. zu tun

다음 문장의 빈칸에 알맞은 조동사를 넣으세요.

1   Er _____ jeden Tag kochen.

그는 매일 요리를 <u>해야 한다.</u>

2   Ich _____ heute länger arbeiten. (Mein Chef hat gesagt.)

나는 오늘 야근을 <u>해야 한다.</u> (상사가 말했다.)

3   Ich _____ den Kurs besuchen.

나는 이 수업을 들을 <u>권리가 있다.</u> (허가)

4   Ich _____ ein Auto kaufen. (Plan)

나는 차를 사고 <u>싶다.</u> (계획)

5   Ich _____ am Fenster sitzen.

나는 창가에 앉고 <u>싶다.</u> (소원)

6   Wir _____ Steuern zahlen. (Pflicht)

우리는 세금을 <u>내야만 한다.</u>

7   Ich _____ heute fliegen.

나는 오늘 비행기로 갈 <u>수 있다.</u>

8   Ich _____ den Termin absagen.

나는 오늘 약속을 취소<u>해야만 한다.</u>

9   Ich _____ Deutsch lernen.

나는 독일어 공부할 <u>예정이다.</u>

Übung 02 동의어를 사용하여 문장을 바꿔 보세요.

> z.B. **Die Studenten müssen unbedingt Deutsch lernen.**
> → **Die Studenten haben Deutsch zu lernen.**

1 Kinder sollen weniger fernsehen. (es wäre besser, wenn)

→ _____.

2 Frau Kim kann keinen Kaffee trinken. (imstande sein, zu + V)

→ _____.

3 Ich muss morgen in die Uni gehen. (haben zu)

→ _____.

4 Ich kann dir im Garten helfen. (die Möglichkeit haben)

→ _____.

5 Sie wollen am Wochenende auf den Flohmarkt gehen. (vorhaben)

→ _____.

6 Er darf kein Auto fahren. (jm. es nicht erlaubt sein)

→ _____.

7 Sie will im Sommer ihre Eltern besuchen. (vorhaben)

→ _____.

8 Hier darf man nicht parken. (es nicht erlaubt sein)

→ _____.

9 Wollt ihr mich heute besuchen? (vorhaben)

→ _____.

10 Ich kann keine Erdnüsse essen. (nicht in der Lage sein)

→ _____.

11 Kannst du Spaghetti kochen? (imstande sein)

→ _____.

12 Meine Eltern müssen viel arbeiten. (haben zu)

→ _____.

13 Ich kann kein Deutsch sprechen. (nicht in der Lage sein)

→ _____.

14 Sie sollen sich schonen. (es wäre besser, wenn)

→ _____.

4 화법조동사(Ⅱ) Subjektiver Gebrauch der Modalverben

1) 화법조동사의 용법

▶ 조동사 müssen, werden, dürfen, können은 '~일지도 모른다'라는 뜻을 가지고 있습니다. 예를 들어 "시험에 합격했어?"라는 질문에 100% 확신이 가지 않는 대답으로 표현할 수 있습니다.

> **z.B.** Ich muss die Prüfung bestanden haben. 나 시험에 합격했을 거야.

▶ 조동사 müssen은 '해야 한다'라는 뜻으로 의무를 나타낼 수 있을 뿐만 아니라, '~일 거야'라는 의미로 확신과 추측의 뜻도 가지고 있습니다.

Wahrscheinlichkeit
ausdrücken

100% 가능성   müssen

werden

müssten

dürften

10% 가능성   können

könnten*

＊정렬이 문법책마다 다를 수 있습니다.

2) 과거형

▶ 화법조동사 + PⅡ

Sie muss Koreanerin sein.	그녀는 분명히 한국인일 거야.	Sie ist ganz sicher Koreanerin.
Sie wird Koreanerin sein.	그녀는 한국인일 거야.	Sie ist sicher Koreanerin. zweifellos
Sie müsste Koreanerin sein.	그녀는 한국인일 거야.	Sie ist gewiss Koreanerin. bestimmt
Sie dürfte Koreanerin sein.	그녀는 한국인일 수도 있어.	Sie ist wahrscheinlich Koreanerin.
Sie kann Koreanerin sein.	그녀는 한국인일 가능성이 있어.	Sie ist vermutlich Koreanerin.
Sie könnte Koreanerin sein.	그녀는 한국인일지도 몰라.	Sie ist möglicherweise Koreanerin.

▶ 화법조동사 + P Ⅱ

z.B. Er muss auf der Arbeit gewesen sein.

müssen + P Ⅱ + haben 또는 sein	
Er muss auf der Arbeit gewesen sein.	그는 회사에 분명히 있었을 것이다.
Er wird auf der Arbeit gewesen sein.	그는 회사에 있을 것이다.

3) 의심을 나타내는 조동사

▶ 추측이 아닌 의심을 나타내는 방법: sollen + 동사원형, wollen + 동사원형

sollen	
Er soll an der Seoul Universität studieren.	Er soll an der Seoul Universität studiert haben. 그는 서울대 출신이라는 말이 있다.
wollen	
Er will an der Seoul Universität studieren.	Er will an der Seoul Universität studiert haben. (Spricht aber kein Wort Englisch.) 그는 서울대 출신이라는 말이 있다. (하지만 영어를 하나도 못한다.)/라고 주장한다.

Übung 03 알맞은 조동사를 사용하여 문장을 바꿔 보세요.

sollen(인용), wollen(의심)

과거
sollen + P Ⅱ + haben/sein
z.B. **Er soll an der Seoul Universität studiert haben.**

1   Er spricht 3 Sprachen fließend. (사실)

_____ (〜라고 한다)

_____ (〜라고 주장한다)

2   Er war auf der Party. (사실)

_____ (〜라고 한다)

_____ (〜라고 주장한다)

3   Frau Lee ist Professorin. (사실)

_____ (〜라고 한다)

_____ (〜라고 주장한다)

4   Er arbeitet für die Regierung. (사실)

_____ (〜라고 한다)

_____ (〜라고 주장한다)

5   Er ist so talentiert, wie Mozart. (사실)

_____ (〜라고 한다)

_____ (〜라고 주장한다)

6 Sie leben in einem Schloss. (사실)

_____ (~라고 한다)

_____ (~라고 주장한다)

현재
müssen + Infinitiv

---

1 Er ist in einer Besprechung. Er muss in einer Besprechung sein.

→ Er muss in einer Besprechung sein.

2 Er ist im Büro.

→ _____.

3 Er ist auf Dienstreise.

→ _____.

4 Er wartet unten auf sie.

→ _____.

5 Er ist auf dem Weg.

→ _____.

6 Sie ist am Nachdenken.

→ _____.

과거
müssen + P Ⅱ + haben/sein

1 Er hat einige Jahre im Krankenhaus gearbeitet.

→ _____.

2 Er hat einige Jahre für das Militär gearbeitet.

→ _____.

3 Er hat einige Jahre als Personenschützer gearbeitet.

→ _____.

4 Er hat einige Jahre in einem deutschen Unternehmen gearbeitet.

→ _____.

5 Er hat einige Jahre im Ausland gelebt.

→ _____.

Übung 04 알맞은 화법조동사를 사용해서 문장을 바꿔 보세요.

1 Ich bin ganz sicher, dass mein Bruder seit gestern in Berlin ist.

   _____.

2 Ich bin sicher, dass sie in Deutschland studiert.

   _____.

3 Sie studiert möglicherweise an der Seoul Universität.

   _____.

4 Wahrscheinlich ist sie krank. (auch: Vielleicht ist sie krank.)

   _____.

5 Er ist zweifellos mit dem Hotel unzufrieden.

   _____.

6 Er ist gewiss im Urlaub.

   _____.

알맞은 화법조동사를 사용해서 과거형으로 문장을 바꿔 보세요.

1 Ich bin ganz sicher, dass ich meine Schlüssel in der Tasche hatte.

_____.

2 Ich bin sicher, dass er mich verstanden hat.

_____.

3 Sie war möglicherweise Koreanerin.

_____.

4 Er hatte bestimmt große Angst.

_____.

5 Sie hatte vermutlich kein Geld bei sich.

_____.

Lektion 4

수동태 Passiv (Zustands-und Vorgangspassiv)

1 수동태 vs 상태 수동태

▶ 수동태: 사건의 경과를(Vorgang) 표현한다. 형태: werden + PⅡ

▶ 상태 수동태: 사건의 경과한 뒤에 결과 즉 상태(Zustand)를 나타낸다. 형태: sein + PⅡ

능동태 Verb	
Ich parke mein Auto.	나는 주차를 한다.
수동태 werden + pp	
Das Auto wird (von mir) geparkt.	자동차는 (나에 의해서) 주차 중이다.
상태 수동태 sein + pp	
Das Auto ist (durch mich) geparkt.	자동차는(나에 의해서) 주차된 상태이다.

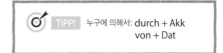

TIPP! 누구에 의해서: durch + Akk
von + Dat

2 수동태의 형태

▶ werden + PⅡ

시제 Zeitformen	fragen 묻다
현재 Präsens	Ich werde gefragt.
과거 Präteritum	Ich wurde gefragt.
현재완료 Perfekt	Ich bin gefragt worden.
과거완료 Plusquamperfekt	Ich war gefragt worden.
미래 Futur	Ich werde gefragt werden.

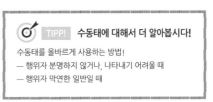

TIPP! 수동태에 대해서 더 알아봅시다!

수동태를 올바르게 사용하는 방법!
— 행위자 분명하지 않거나, 나타내기 어려울 때
— 행위자 막연한 일반일 때

1   Man versorgte die Stadt mit Lebensmitteln.

   → Die Stadt _____.

2   Das Auswärtige Amt informierte ihn.

   → Er _____.

3   Man nimmt die Sitze ein.

   → Die Sitze _____.

4   Man benutzt in Korea viele chinesische Schriftzeichen.

   → In Korea _____.

5   Man kontrolliert das Essen in Deutschland streng.

   → In Deutschland _____.

6   Man nimmt keine Gläser auf die Plätze mit.

   → Die Gläser _____.

7   In Korea spricht man Deutsch und Englisch.

   → In Korea _____.

8   In Deutschland isst man viel Brot.

   → In Deutschland _____.

9   Der Zimmerservice wäscht die Wäsche(Sg.) im Hotel.

→ Die Wäsche im Hotel _____.

10 Man plante eine Reise nach Dubai.

→ Eine Reise nach Dubai _____.

11 Man akzeptierte die Anmeldung.

→ Die Anmeldung _____.

수동태를 사용하여 문장을 공손하게 표현해 보세요.

1   Sie müssen das Zimmer aufräumen!

→ Das Zimmer _____.

2   Sie müssen den Tisch abräumen!

→ Der Tisch _____.

3   Ihr Kind muss die Hausaufgaben machen!

→ Die Hausaufgaben _____.

4   Sie können/dürfen ihre Familie anrufen.

→ Die Familie _____.

5   Sie sollen die Blumen gießen.

→ Die Blumen _____.

6   Sie müssen die Mülleimer entleeren.

→ Die Mülleimer _____.

7   Sie müssen die Wäsche aufhängen.

→ Die Wäsche _____.

8   Ich muss mein Kind vom Kindergarten abholen.

→ Mein Kind _____.

9   Sie müssen das Gebäude um 18 Uhr verlassen.

    → Das Gebäude _____.

10 Sie müssen auf alle Gäste warten.

    → Auf alle Gäste muss _____.

11 Sie müssen die Qualität verbessern.

    → Die Qualität _____.

12 Sie müssen vorher eine Fahrkarte lösen.

    → Eine Fahrkarte _____.

13 Sie müssen das Geld dem Boten mitgeben.

    → Das Geld _____.

화법조동사를 사용해서 수동태를 만들어 보세요.

1 Man darf Menschen mit Behinderung nicht von Wahlen ausschließen.

   → Menschen mit Behinderung _____ .

2 Man kann die Entscheidung der EU nicht akzeptieren.

   → Die Entscheidung der _____ .

3 Man kann den Vorgang wie folgt darstellen.

   → Der Vorgang _____ .

4 Man kann den Text mühelos erschließen.

   → Der Text _____ .

5 Die Konzerne müssen die Umweltgesetze befolgen.

   → Die Umweltgesetze _____ .

6 Die Entscheidung der UN kann man nicht nachvollziehen.

   → Die Entscheidung der UN _____ .

Lektion 5 · 접속법 2식 Konjunktiv II

1 Irrealer Bedingungssatz 비현실적 조건절

접속법 2식 현재: würden + 동사원형	접속법 2식 과거: hätten/wären + P II
조건이 이루어져야 하는 상황 **z.B.** Ich würde ins Fitnessstudio gehen, wenn ich früher Schluss hätte. 나는 일찍 퇴근하면 헬스를 갈 것 같아.	과거 추측(후회할 때) **z.B.** 1. Wenn ich früher Medizin studiert hätte, wäre ich jetzt Arzt. 의대를 갔었으면, 지금 의사가 됐을 것이다. 2. Ich hätte Medizin studieren sollen. 의대를 갈 걸 그랬어요.

2 Irrealer Folgesatz 비현실적 결과절

▶ als dass

z.B. Er ist zu dickköpfig, als dass er sich entschuldigte*/entschuldigen würde.

*불규칙형태(이 책에 반영되지 않았습니다)

3 Irrealer Einräumungssatz 비현실적 양보절

▶ Auch wenn, selbst wenn, und wenn

z.B. Auch wenn ich Geld hätte, würde ich mir das Haus nicht kaufen.

1. (~면)~할 것 같다	S würde V, wenn S O V.
2. ~할 걸 / ~할 걸 그랬어요	S wären/hätten P II sollen.
3. ~하기에는	(zu…), als dass S O V.
4. ~이어도	Auch wenn(…), V S O

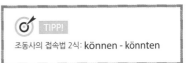

TIPP!

조동사의 접속법 2식: können - könnten

직설법 조건절을 가정법으로 고쳐 쓰세요.

비현실적 조건절
Irrealer Bedingungssatz
(~면) ~할 것 같다

1   Wenn ich Geld habe, kaufe ich mir einen Porsche.

      _____.

2   Wenn es wärmer wird, gehe ich ins Schwimmbad.

      _____.

3   Wenn es keinen Feinstaub gibt, dann wandern nicht so viele aus.

      _____.

4   Sie fliegen nach New York, wenn ihnen jemand eine günstige
      Unterkunft anbietet.

      _____.

5   Du kannst in aller Ruhe frühstücken, wenn du nicht verschläfst.

      _____.

6   Wenn die Politik handelt, hören die Schüler auf, zu streiken.

      _____.

7   Ich kaufe das Auto, wenn ich genug Geld habe.

      _____.

8 Ich lese mehr Bücher, wenn ich mehr Zeit habe.

_____.

9 Die Familie kauft das Haus, wenn sie genug Geld hat.

_____.

10 Das Flugzeug landet pünktlich, wenn der Luftraum über Frankfurt nicht so voll ist.

_____.

Übung 02	직설법 문장을 가정법 접속사 **als dass**를 사용해서 가정법으로 고쳐 쓰세요.

비현실적 결과절
Irrealer Folgesatz
als dass(~하기에는)

1 Das Wasser ist zu kalt. Man kann nicht darin schwimmen.

→ Das Wasser ist zu kalt, als dass man darin schwimmen könnte.

2 Die Wohnung ist zu teuer. Ich kann sie nicht kaufen.

_____.

3 Die Kinder sind zu aufgeregt. Sie können nicht einschlafen.

_____.

4   Sein Deutsch ist zu gut. Er macht nicht solche Fehler.

_____.

5   Er ist zu stolz. Er gibt seine Fehler nicht zu.

_____.

6   Niemand ist so klug. Man weiß nicht alles.

_____.

7   Es war zu schrecklich. Man kann es nicht mit Worten beschreiben.

_____.

8   Das Wasser ist nicht warm genug. Man kann nicht im Meer baden.

_____.

가정법 접속사 Auch wenn, selbst wenn을 사용해서
문장을 바꿔 쓰세요.

비현실적 양보절
Irrealer Einräumungssatz
Auch wenn, selbst wenn, und wenn (~이어도) + nicht / kein

1 Wenn er sich nicht beeilt hätte, hätte er den Bus nicht verpasst.

→ Auch wenn er sich nicht beeilt hätte, hätte er den nicht Bus
verpasst.

2 Wenn das Wetter gut wäre, würden wir einen Ausflug machen.

_____.

3 Wenn ich Zeit hätte, würde ich ihm helfen.

_____.

4 Wenn er ein Taxi genommen hätte, hätte er seinen Flug verpasst.

_____.

5 Wenn er die Prüfung bestehen würde, würde er weiter studieren.

_____.

6 Wenn man Autofahren, fliegen und heizen stoppen würde, würde das
nur einen geringen Einfluss auf die Erwärmung haben.

_____.

7 Wenn es eine Mehrheit geben würde, würde man am Anfang einer
Koalition stehen.

_____.

접속법 1식
Konjunktiv I (Indirekte Rede)

1 접속법 1식 용법 Bildung des Konjunktiv I

인칭	gehen(Konjunktiv I)
1. Ps.	Ich geh- e
2. Ps.	Du geh- est
3. Ps.	Er geh-e
1. Ps.	Wir geh-en
2. Ps.	Ihr geh-et
3. Ps.	Sie geh-en

인칭	sein(Konjunktiv I)
1. Ps.	Ich sei
2. Ps.	Du seist
3. Ps.	Er sei
1. Ps.	Wir seien
2. Ps.	Ihr seiet
3. Ps.	Sie seien

2 접속법 1식 과거형 Bildung des Konjunktiv I Perfekts

Perfekt	Konjunktiv Perfekt
Sie hat angefangen	Sie habe angefangen

Konjunktiv I Präsens 접속법 1식 현재

Indikativ 직설법	Konjunktiv I
Er ist	Er <u>sei</u>.
Er geht	Er _____
Maria hat	Maria _____
Sie lernt	Sie _____
Er sieht	Er _____
Sie kauft	Sie _____

Konjunktiv I Perfekt 접속법 1식 과거

Indikativ 직설법	Konjunktiv I
Sie ist angekommen.	Sie <u>sei angekommen.</u>
Er hat gemacht.	Er _____
Die Schüler sind geblieben	Die Schüler _____
Tom ist gelaufen.	Tom _____
Sina hat gelacht.	Sina _____
Sie hat geschlafen.	Sie _____

Der nordkoreanische Machthaber trifft Russlands Präsidenten

1 Erstmals trifft Nordkoreas Machthaber Präsident Wladimir Putin.

→ _____ .

2 Kim Jong-Un fuhr die 700 Kilometer Fahrt mit einem Zug von Pjöngjang nach Wladiwostok.

→ _____ .

3 Sein Vater Kim Jong-il ist mit dem dunkelgrünen, gepanzerten Zug durch Russland gefahren.

→ _____ .

4 Der Großvater Kim Il-Sung war noch nie in einem anderen gepanzerten Zug durch die Sowjetunion gereist.

→ _____ .

5 Kim stieg hinter der Grenze am Bahnhof des Ortes Chassan aus.

→ _____ .

6 Offizielle sowie Mädchen mit Brot und Salz begrüßten ihn.

→ _____ .

7 Er hat kein Stück Brot abgerissen und in Salz getunkt und probiert.

→ _____ .

8 Kim besuchte in Chassan das Haus der russisch-koreanischen Freundschaft.

→ _____ .

9 1986 baute man das Haus zu einer Visite seines Großvaters.

→ _____.

10 Das Haus der Freundschaft ist 2015 abgebrannt und man baute es wieder auf.

→ _____.

11 Kim hat im russischen Staatsfernsehen dem russischen Volk einen warmen Gruß übermittelt.

→ _____.

12 Kim hat in seinem Zug eine Mercedes Limousine mitgebracht.

→ _____.

13 Die Zufahrt zum Bahnhofsgelände flachte man für Kim's Mercedes Limousine ab.

→ _____.

14 Das Gespräch mit Putin findet auf einem Universitätscampus statt, wo Kim in einem Gästehaus wohnt.

→ _____.

🎯 **TIPP!**

회화에서 Konjunktiv Ⅰ 대신 Konjunktiv Ⅱ를 사용하는 경우가 있습니다!
z.B. Sie hat gesagt, dass sie bald komme. 대신 Sie hat gesagt, dass sie bald käme.

출처: https://www.faz.net/aktuell/politik/ausland/treffen-in-wladiwostok-was-erhoffen-sich-kim-und-putin-16155649.html#void

접속법 1식, 주관식 화법조동사 용법을 사용해서
문장을 만들어 보세요.
동의어 표현을 찾아서 wollen인지 sollen인지 구분하세요.

sollen	Es heißt,
	Man sagt,
	Gerüchten zufolge
	Man berichtet,

wollen	behaupten
	Angeblich…
	er/sie erklärt
	er/sie versichert
	…sagt von sich

Beispiel

1 Sie behauptet, sie ist wegen der Klimaanlage krank geworden.

a) Sie will wegen der Klimaanlage krank geworden sein.
(주관식 화법조동사)

b) Sie sei wegen der Klimaanlage krank geworden. (접속사 1식)

2 Sie versichert, sie hat einen Beweis geliefert.

a) _____.

b) _____.

3 Man sagt, sie hat engen Kontakt zu Ärzten der Charité in Berlin.

a) _____.

b) _____.

4   Man berichtet, sie ist von Anfang an gegen die Installierung der
    Klimaanlage gewesen.

    a) _____.

    b) _____.

5   Sie versichert, sie hat sich zusammen mit anderen Kollegen beim
    Bürgermeister beschwert.

    a) _____.

    b) _____.

6   Der Bürgermeister behauptet, er weiß nichts über eine Beschwerde.

    a) _____.

    b) _____.

부가어
Attribut

1 Genitivattribut 소유격 부가어

▶ Ich wohne im Haus meiner Tante.
▶ Tanja ist Joachims Schwester.
▶ Tanja ist die Schwester von Johannes.
▶ Seoul ist die Hauptstadt Koreas.
▶ Seoul ist Koreas Haupstadt.

2 Präpositionalattribut 전치사 부가어

▶ Alle Serien aus einer Hand
▶ Ein Plan zur Erarbeitung von Klimaschutzmaßnahmen

3 Lokalattribut 장소 부가어

▶ Das Haus in Korea
▶ Der Sitzplatz am Fenster

Übung 01 전치사 목적어를 사용해서 부가어를 만들어 보세요.

1 Der Baum soll gefällt werden. (an der Ecke)

2 Meine Mutter bekommt eine Schnitzerei. (aus Holz)

3 Das Mädchen ärgert die Frau. (mit den Zöpfen)

4 Der Wettbewerb fällt aus. (im Rathaus)

5 Der Hund bellt immer am Morgen. (meiner Nachbarin)

6 Er lutschte einen Bonbon. (gegen Halsschmerzen)

7 Die Musik gefällt mir sehr. (von der Künstlerin)

8 Das ist ein Heft. (Yujin)

9 Die Frisur war durcheinander geraten. (der Lehrerin)

10 Die Professorin korrigiert die Fehler. (des Studenten)

Übung 02 소유격을 사용해서 문장을 만들어 보세요.

1 Die Alarmsignale/ die Seele 영혼의 경고 신호

   → Die Alarmsignale der Seele

2 Der Ausdruck/ die innere Stärke 강한 내면의 표현

   → _____.

3 Das Beste / Alle Zeiten 역대 최고

   → _____.

4 Alle Serien / aus einer Hand 모든 드라마를 한 번에

   → _____.

5 Die Menschen / die Woche 이주의 사람들

   → _____.

6 Das Wesen / der Mensch 인간의 본성

   → _____.

7 Die Digitalisierung / die Gesellschaft 사회의 디지털화

   → _____.

분사 부가어
Partizipialattribute

▶ 분사는 형용사적인 성격을 가지고 있습니다. 아래 제시된 동사 abreisen(여행을 떠나다)이 현재 분사로 변하면 '여행을 떠나는'이라는 의미로 형용사 역할을 합니다. 마찬가지로 과거 분사도 변화하여 ausstellen → ausgestellt 같이 형용사 역할을 합니다.

Partizip I (Partizip Gegenwart) 현재분사	P I 용법
Die Touristen, die gerade abreisen, sind sehr laut.	Die gerade abreisenden Touristen sind sehr laut.
Können Sie die Gäste, die um 12 Uhr ankommen, begrüßen.	Können Sie die um 12 Uhr ankommenden Gäste begrüßen.
Können Sie den Zug, der gerade einfährt, stoppen?	Können Sie den gerade einfahrenden Zug stoppen?
Er berichtet über die Schwierigkeiten. Es bestehen Schwierigkeiten.	Er berichtet über die bestehenden Schwierigkeiten.

Partizip II (Partizip Vergangenheit) 과거분사	P II 용법
Sie können den Fernseher, der ausgestellt ist, günstiger erwerben.	Sie können den ausgestellten Fernseher günstiger erwerben.
An dem Kongress nahmen viele Politiker teil. Der Kongress wurde in Seoul veranstaltet.	An dem in Seoul veranstalteten Kongress nahmen viele Politiker teil.

관계절을 부가어로 바꿔 보세요.

1   Die Gepäckstücke, die vollgepackt sind, sind sehr schwer.

    _____.

2   Die Busse, die mit hunderten Menschen gefüllt sind, erreichen die
    Grenze.

    _____.

3   Mein jüngeres Kind, das immer auf dem Nachhauseweg trödelt,
    kommt später.

    _____.

4   Das ist ein Unternehmen, das international operiert.

    _____.

5   Die Immobilien, die gewerblich genutzt werden, dürfen nicht
    vermietet werden.

    _____.

6   Immer mehr Menschen, die gut ausgebildet und jung sind, wandern
    wegen der politischen Umstände aus.

    _____.

부가어를 사용해서 편지를 작성하세요.

1   Vielen Dank für das Schreiben, das eingegangen ist.

   → Vielen Dank für das Ihr eingegangenes Schreiben.

2   Die Unterlagen, die im Moment noch fehlen, werde ich Ihnen so
   schnell wie möglich zuschicken.

   _____.

3   Ich lege einen Rückumschlag bei, der bereits adressiert und frankiert ist.

   _____.

4   Sie schreiben, dass die Anzahl der Einzelzimmer, die im Moment zur
   Verfügung stehen, sehr gering ist.

   _____.

5   Besteht in den Monaten, die kommen, überhaupt eine Chance auf ein
   solches Zimmer?

   _____.

6   Mit den Konditionen, die in Ihrem heutigen Angebot beschrieben
   sind, bin ich einverstanden.

   _____.

7   In der Anlage finden Sie eine Aufstellung der Kosten, die mir auf der
   Reise entstanden sind.

   _____.

1 Gäste nahmen an der Veranstaltung teil. Über 100 Gäste waren
   eingeladen.

   → Über 100 geladene Gäste nahmen an der Veranstaltung teil.

2 Der Politiker hielt eine Rede. Der Rede war sehr <u>umstritten</u>.

   → _____ .

3 Der Redner hielt einen Vortrag. Der Vortrag war sehr <u>informativ</u>.

   → _____ .

4 Es waren 50 Herzchirurgen anwesend. Die Herzchirurgen sind aus der
   ganzen Welt <u>angereist</u>.

   → _____ .

5 Ich habe den Text nicht gelesen. Der Text ist von Ihnen <u>verfasst</u>
   worden.

   → _____ .

6 Er ging auf die Fragen später ein. Die Fragen sind nicht einfach zu
   <u>beantworten</u>.

   → _____ .

전치사 지배 받는 동사
Verben mit festen Präpositionen

▶ 전치사 수반 동사는 명사 형식(동사 + 전치사 + 명사)이지만, 대부분의 경우에는 동사 형식으로 바꿀 수 있습니다. 우선 전치사 수반 동사를 명사 형식으로 바꾸는 연습을 해 보세요.

전치사 지배 받는 동사

abhängen von + Dat*	누구(무엇)에 달려 있다
die Stimmung	Das hängt von meiner Stimmung ab.
das Wetter	Das hängt _____
die Gäste	Das hängt _____
das Restaurant	Das hängt _____

*ankommen auf 누구(무엇)에 달려 있다

sich gewöhnen an + Akk	익숙해지다
das frühe Aufstehen	Ich muss mich an das frühe Aufstehen gewöhnen.
das kalte Wetter	Ich muss mich an _____
die vielen Hundehaufen	Ich muss mich an _____
die Unzulänglichkeiten der öffentlichen Verkehrsmittel	Ich muss mich an _____
Die Dreistigkeiten der Menschen	Ich muss an _____

achten auf + Akk*	주의하다, 유의하다
der Umgang miteinander	Man muss auf den Umgang miteinander achten.
seine Tasche	Man muss _____
die Gäste	Man sollte _____
Gesundheit	Man sollte _____

다음 문장들을 예시대로 바꾸어 문장을 만들어 보세요.

전치사 수반 동사의 형식 : (주 + 동 + da(r) 전치사), dass 주 + 목 + 동. (Ob, W-Wort)
대명부사 : da + für = dafür, da + um = da(r)um

• **abhängen von**   Beispiel

Habe ich Kopfschmerzen?   Das hängt davon ab, ob ich
                                        Kopfschmerzen habe.

Wann sind die politischen   1 _____.
Unruhen vorbei?

Wie wird das Wetter?   2 _____.

Wie fällt die Entscheidung aus?   3 _____.

Wie teuer wird die Reparatur?   4 _____.

Kommt der Minister?   5 _____.

Wo wohnen Sie?   6 _____.

Was haben Sie?   7 _____.

*Ebenso: Es kommt darauf an, ···

• sich gewöhnen an　　　　　　　　Beispiel

die Arbeit/schwer sein　　　　　　　Ich muss mich daran gewöhnen,
　　　　　　　　　　　　　　　　dass die Arbeit schwer ist.

das Klima/trocken sein　　　　　　1 _____.

er/eine Eigenart haben　　　　　　2 _____.

es/dunkel sein　　　　　　　　　3 _____.

es/hoch sein　　　　　　　　　　4 _____.

mein Chef/immer schlecht　　　　5 _____.
gelaunt sein

die Taxis in Deutschland/　　　　6 _____.
teuer sind

*Ich muss mich daran gewöhnen,
 dass S O V

• **achten auf**	**Beispiel**
der Blutdruck/nicht zu hoch sein	Ich muss darauf achten, dass mein Blutdruck nicht zu hoch ist.
Zuschauer/ gut versorgt sein	1 _____.
Gäste/ nichts fehlen	2 _____.
du/ nicht zu schnell fahren	3 _____.
du/ Bargeld bei sich haben	4 _____.
du/ Tasche nicht verlieren	5 _____.
nicht zunehmen	6 _____.

*Ich muss darauf achten, dass S O V

achten auf ~을 주의하다	Du musst auf deine Grammatik achten.	Du musst darauf achten, dass du die Grammatik gut beherrschst.
ankommen auf +Akk abhängen von + Dat ~에 달려 있다	Es hängt vom Wetter ab. Es kommt auf das Wetter an.	Es kommt darauf an, wie das Wetter wird.
sih ärgern über + Akk sich aufregen über + Akk ~에 화나다	Ich ärgere mich über gedankenloses Verhalten.	Ich ärgere mich darüber, dass er sich so gedankenlos verhält.
aufpassen auf + Akk achten auf + Akk ~을 주의하다	Ich muss auf mein Portemonnaie aufpassen.	Ich muss darauf aufpassen, dass mein Portemonnaie nicht geklaut wird.
sich bedanken für + Akk ~에 대해 감사하다	Er bedankt sich für das zahlreiche Erscheinen.	Er bedankt sich dafür, dass die Gäste zahlreich erschienen sind.
sich bemühen um + Akk ~을 노력하다	Sie bemüht sich um die Klärung der Angelegenheit.	Sie bemüht sich darum, die Angelegenheit zu klären. (…), dass die Angelegenheit geklärt wird.
sich beschweren über + Akk ~에 대해 항의하다	Die Familie beschwert sich über die Lautstärke ihrer Nachbarn.	Die Familie beschwert sich darüber, dass die Nachbarn so laut sind.
sich beziehen auf + Akk ~에 관련되다 ~을 언급하다	Wir beziehen uns auf den fehlenden Zahlungseingang.	Wir beziehen uns darauf, dass die Zahlung noch nicht eingegangen ist.

bitten um + Akk ~을 부탁하다	Wir bitten um eine schnelle Klärung des Problems.	Wir bitten darum, dass das Problem schnell geklärt wird.
danken für + Akk ~에 대해 감사하다	Wir danken für die große Anteilnahme der Mitglieder.	Wir danken dafür, dass die Mitglieder so viel Anteil nehmen.
denken an + Akk ~에 대해 생각하다	Wir denken an einen schnellstmöglichen Umzug.	Wir denken daran, schnellstmöglich umzuziehen.
diskutieren über + Akk ~에 대해 논의하다	Wir diskutieren über die Möglichkeiten eines Wechsels.	Wir diskutieren darüber, ob ein Wechsel möglich ist.
sich drehen um + Akk sich handeln um + Akk gehen um + Akk ~을 다루다	Alles dreht sich um die folgenschweren Entscheidungen der Regierung.	Alles dreht sich darum, dass die Regierung folgenschwere Entscheidungen getroffen hat.
sich entscheiden für + Akk ~을 결정하다	Ich habe mich für die Teilnahme am Vormittagskurs entschieden.	Ich habe mich dafür entschieden, am Vormittagskurs teilzunehmen.
sich entschuldigen für + Akk ~을 사과하다	Ich entschuldige mich für die kurzfristige Absage.	Ich entschuldige mich dafür, dass ich so kurzfristige absage.
sich erinnern an kommen auf + Akk(+nicht) ~을 생각해내다	Ich erinnere mich nicht an die genaue Adresse.	Ich erinnere mich nicht genau daran, wie die genaue Adresse ist.
sich freuen auf (미래) sich freuen über(과거, 현재) ~에 대해 기쁘다	Ich freue mich auf ein Wiedersehen mit meinen alten Kollegen.	Ich freue mich darauf, meine alten Kollegen wiederzusehen.

sich gewöhnen an + Akk ~에 적응하다	Ich habe mich an das kaltnasse Wetter in Deutschland gewöhnt.	Ich habe mich daran gewöhnt, dass das Wetter in Deutschland kaltnass ist.
halten von + Dat ~로 여기다, 생각하다	Ich halte viel von seinem sprachlichen Talent.	Ich halte viel davon, dass er sprachlich so talentiert ist.
hoffen auf ~을 바라다	Ich hoffe auf ein besseres Gehalt.	Ich hoffe darauf, dass ich ein besseres Gehalt bekomme.
sich informieren über, (möchten, ob…) ~알고 싶어 하다 ~을 조사하다	Ich möchte mich ueber den Studiengang informieren.	Ich möchte mich darüber informieren, wie der Studiengang aufgebaut ist.
sich interessieren für ~에 관심 있다	Ich interessiere mich für eine Mitgliedschaft in ihrem Verein.	Ich interessiere mich dafür, ein Mitglied in ihrem Verein zu werden.
kämpfen für ~을 위하여 싸우다	Ich kämpfe für eine unvoreingenommene Politik.	Ich kämpfe dafür, dass die Politik unvoreingenommen ist.
kämpfen gegen ~에 맞서 싸우다	Ich kämpfe gegen die Diskriminierung von Migrantenkindern.	Ich kämpfe dagegen, dass Migrantekinder diskriminiert werden.
sich kümmern um ~을 돌보다, ~을 처리하다	Ich kümmere mich um die Begrüßung der Gäste.	Ich kümmere mich darum, die Gäste zu begrüßen.
nachdenken über ~에 대해 숙고하다	Ich denke über einen Wechsel der Branche nach.	Ich denke darüber nach, dass ich die Branche wechsle.

reagieren auf ～에 대해 반응하다	Ich reagiere auf die Kritik an meinem Buch.	Ich reagiere darauf, dass mein Buch kritisiert wird.
sprechen über ～에 대해 이야기 하다	Ich spreche über das schwere Leben in Deutschland.	Ich spreche darüber, dass das Leben in Deutschland sehr schwer ist.
sich vorbereiten auf ～을 준비하다	Ich bereite mich auf ein Leben in Deutschland vor.	Ich bereite mich darauf vor, dass ich in Deutschland(für immer) lebe.
warten auf ～을 기다리다	Ich warte auf ein besseres Jobangebot.	Ich warte darauf, dass mir ein besseres Jobangebot gemacht wird.
sich wundern über ～을 놀라다 ～을 이상하게 여기다	Ich wundere mich über die vielen positiven Kommentare.	Ich wundere mich darüber, dass so viele positive Kommentare geben/schreiben.

Übung 02 전치사 수반하는 동사를 사용하여 대명부사를 만들어 봅시다.

1 Ich kümmere mich um die Beschaffung der Unterlagen.

→ Ich kümmere mich da(.....), dass _____.

VOCA: die Beschaffung (N.), beschaffen (V.)

2 Ich kämpfe gegen die Verschmutzung der Meere.

→ Ich kämpfe da(.....), dass _____.

VOCA: die Verschmutzung, verschmutzen

3 Ich antwortete auf die hohen Heizkosten.

→ _____.

VOCA: hoch- , hoch sein

4 Ich wunderte mich über die sauberen Straßen.

→ _____.

VOCA: sauber-, sauber sein

Lektion 10 해설/논평 부사 Kommentaradverbien Modalwörter

1 가능성 (Grad der Wahrscheinlichkeit)

- zweifelsohne   부사   의심{틀림}없이
- möglicherweise, vielleicht   부사   아마, 혹시
- sicherlich, bestimmt   부사   확실히, 꼭, 틀림없이, 물론

Er kommt morgen.	그는 내일 온다.
Zweifelsohne kommt er morgen.	그는 틀림 없이 내일 온다. *
Möglicherweise kommt er morgen. Vielleicht kommt er morgen.	그는 아마 내일 온다. **
Sicherlich kommt er morgen.	그는 내일 꼭 온다. ***

* Man ist sich sicher. 확실하다.

** Man ist sich unsicher. 확실하지 않다.

*** Man weiß es nicht, nimmt es aber an. 모르지만 추측을 한다.

2 평가 (Bewertende Stellungnahme)

- leider   부사   슬프게도, 아깝게도, 유감스럽게도
- immerhin   부사   여하튼, 어쨌든, 여하간, 좌우간
- unglücklicherweise   부사   불행하게도, 불운하게도
- lobenswerterweise   형용사   칭찬할 가치가 있는, 칭찬할 만한
- klugerweise   부사   현명하게
- erfreulicherweise   부사   기쁘게도, 다행히도
- dummerweise   부사   어리석게도
- dankenswerterweise   부사   감사하게도, 고맙게도
- natürlich   부사   물론
- fraglos   부사   의심의 여지가 없는, 확실히

Er hat keine Zeit.	그는 시간이 없다.
Leider hat er keine Zeit.	유감스럽게도 그는 시간이 없다.
Unglücklicherweise hat er keine Zeit.	불행하게도 그는 시간이 없다.
Erfreulicherweise hat er Zeit.	다행히도 그는 시간이 있다.
Dankenswerterweise hat er keine Zeit.	감사하게도 그는 시간이 없다.
Immerhin hat er Zeit.	그는 어쨌든 시간이 있다.

Übung 01 빈칸에 들어갈 가장 알맞은 단어를 적어 보세요.

- 유감스럽게도   leider

- 좌우간

- 불행하게도, 불운하게도

- 칭찬할 만한

- 현명하게

- 다행히도

- 어리석게도

- 감사하게도, 고맙게도

- 물론

1   Der Fahrer war _____ übermüdet. (아마)

2   Der Spieler ist _____ eine Verstärkung für
     die Mannschaft. (의심의 여지가 없는)

3   Sie wird _____ kandidieren. (틀림없이***)

4   Das ist _____ kein Einzelfall. (확실히***)

5   Sie werden _____ nicht einverstanden sein.
     (아마, 혹시**)

6   Der Zug hat _____ Verspätung. (아마, 혹시**)

관용어
Nützliche Redewendungen

1 Redewendungen: 독일어 관용구, 속담 그리고 표현들은 일상 독일어에서 매우 중요합니다. 이 표현들은 문어체와 구어체 독일어에서 항상 사용되고 있습니다.

1) Das A und O sein 제일 중요하다

▶ das Wichtigste sein
▶ entscheidend sein für
▶ das einzig Entscheidende sein für
▶ eine große/wichtige Rolle spielen für
▶ allein zählen

z.B. Ein gutes Grammatikverständnis ist das A und O beim Deutschlernen.

2) etwas außer Acht lassen (dürfen)
무엇을 잊어서는 안 된다, 주의하지 않다, 고려하지 않다

▶ etwas nicht berücksichtigen
▶ etwas nicht beachten

z.B. Man darf nicht außer Acht lassen, dass beim Thema Integration alle ihren Beitrag leisten müssen.

3) etwas unter Dach und Fach bringen/sein 잘 마무리 되다

▶ etwas zu einem guten Ende bringen
▶ etwas erledigen(Passiv)
▶ etwas beschließen(Passiv)
▶ etwas fertigstellen(Passiv)

z.B. Sie haben die Verhandlungen unter Dach und Fach gebracht.

das A und O sein 제일 중요하다

A: Miteinander reden ist das A und O.(Donald J. Johnston)

etwas nicht außer Acht lassen 무엇을 잊어서는 안 된다

A: Wir müssen daran denken, dass die Besucher einen Dolmetscher brauchen.
B: Das habe ich in der bisherigen Planung völlig außer Acht gelassen.
A: Wenn Sie sehr gut Deutsch sprechen wollen, sollten Sie die Redewendungen nicht außer Acht lassen.
B: Oh, das habe ich nicht berücksichtigt.

unter Dach und Fach bringen/sein 잘 마무리 되다

A: Nur noch drei Tage bis zur Konferenz. Wie sollen wir das alles schaffen?
B: Keine Sorge, bis morgen Abend ist alles unter Dach und Fach gebracht.
A: Der Kooperationsvertrag ist endlich unter Dach und Fach.
Nach langem Ringen zwischen Bund und Ländern ist das Gesetz unter Dach und Fach.

das A und O sein 제일 중요하다

1 Das Wichtigste bei der Gewichtsregulation ist, dass man sich mehr bewegt.

   → Das A und O bei der Gewichtsregulation ist, dass man sich mehr bewegt.

2 Die Arbeitsorganisation spielt für ein Unternehmen eine große Rolle.

   → _____.

3 Gesunde Ernährung ist das aller Wichtigste.

   → _____.

4 Werbung ist auch im Internet sehr wichtig.

   → _____.

5 Sicherheit ist das einzig Entscheidende für uns.

   → _____.

6 Das Entscheidende für ein erfolgreiches Dolmetschen ist die Vorbereitung der Dolmetscher.

   → _____.

7 Individualität ist das Wichtigste der heutigen Zeit.

   → _____.

8   Erfolgreiches Networking ist das Wichtigste in der Karriere.

→ _____ .

9   Aufpassen ist das Wichtigste.

→ _____ .

10 Bewegung spielt eine wichtige Rolle bei Diabetes.

→ _____ .

11 Gute Nachbarschaft ist entscheidend für das Wohlfühlen im
    Wohnumfeld.

→ _____ .

etwas nicht außer Acht lassen 무엇을 잊어서는 안 된다

1 Der Symbolcharakter der Aktion ist zu beachten.

→ Der Symbolcharakter der Aktion ist nicht außer Acht zu lassen.

2 Die Gründe für schwere Beine <u>werden nicht beachtet</u>: Hitze.

→ Die Gründe für schwere Beine dürfen _____.

3 Die Politiker müssen die Bedürfnisse der Wähler <u>berücksichtigen</u>.

→ Die Politiker dürfen _____.

4 Viele Menschen <u>berücksichtigen</u> das Thema Gesundheit nicht.

→ Viele Menschen lassen _____.

5 Die jüngsten Entwicklungen <u>sind zu berücksichtigen</u>.

→ Man darf _____.

6 Kein Mitgliedsstaat <u>darf unberücksichtigt bleiben</u>.

→ Kein Mitgliedsstaat darf _____.

unter Dach und Fach bringen/sein 잘 마무리 되다

1   Alles ist zu einem guten Ende gebracht worden.

    → Alles ist unter Dach und Fach.

2   Das Abkommen mit der Schweiz <u>muss zu einem guten Ende gebracht</u> <u>werden</u>.

    → _____.

3   In diesem Jahr <u>wurden</u> die bedeutendsten Gesetzesvorhaben <u>zu</u> <u>Ende gebracht</u>.

    → _____.

4   Wir <u>haben</u> die Reiseplanung <u>zu Ende gebracht</u>.

    → _____.

5   Der Vertrag <u>wurde beschlossen</u>, jetzt kann die Arbeit beginnen. (Passiv!)

    → _____.

6   Die Beförderung von Herrn Kim zum Abteilungsleiter <u>wurde</u> <u>beschlossen</u>.

    → _____.

2 Redewendungen(2) 관용어 2

1) **den Gürtel enger schnallen/sein** 절약하다, 허리띠를 졸라매다

   ▶ weniger Geld ausgeben können,
   ▶ sparen müssen

   > z.B. Ich muss nächsten Monat den Gürtel enger schnallen.

2) **viel um die Ohren haben** 바쁘다

   ▶ sehr beschäftigt sein
   ▶ viel zu tun haben
   ▶ Voll ausgelastet sein
   ▶ bis zum Hals in Arbeit stecken

   > z.B. Ich komme zu nichts, weil ich *viel um die Ohren habe.
   >   *extrem, so, zu

3) **etwas/nichts/etwas nicht übers Knie brechen**
   무엇을 대충 해치우다, 무엇을 성급하게 결정하다

   ▶ überstürzt entscheiden oder handeln, ohne genug nachgedacht zu haben.

   > z.B. Sie müssen nichts übers Knie brechen.

den Gürtel enger schnallen 허리띠를 졸라매다

A: Wie ich sehe, haben Sie sich schon an ihr Rentnerdasein gewöhnt und den Gürtel enger gespannt.

viel um die Ohren haben 바쁘다

A: Wann können wir uns treffen?
B: Tut mir leid, diese Woche wird das nichts, ich habe im Moment viel um die Ohren.

etwas/nichts/etwas nicht über das(übers) Knie brechen 대충 해치우다

A: Sie müssen die Entscheidung nicht übers Knie brechen.
B: Überlegen Sie sich ganz in Ruhe, was Sie machen wollen.

Übung 관용구를 사용해서 문장을 바꿔보세요.

den Gürtel enger schnallen 허리띠를 졸라매다

1 Die wirtschaftliche Situation zwingt uns, zu sparen.

→ Die wirtschaftliche Situation zwingt uns, den Gürtel enger zu schnallen.

2 Der Haushalt von 2018 macht besonders deutlich, dass wir uns zurücknehmen müssen.

→ _____ .

3 Krankenschwestern und Busfahrer müssen in Zukunft kürzertreten.

→ _____ .

4 Ich weiß nicht, wie ich die nächsten Monate überstehen soll. Vielleicht sollte ich lieber sparen.

→ _____ .

5 Wenn man nur noch 30 Euro zum Leben hat, dann sollte man sich zurücknehmen.

→ _____ .

6 Durch die drastische Erhöhung der Steuern, müssen die Griechen kürzertreten.

→ _____ .

7   Daimler hat aufgrund der strengeren Abgasregeln seine
    Entwicklungsaufwendungen um 60 Prozent erhöht und <u>muss wohl
    sparen</u>.

    → _____.

8   Bremens Lehrer, Eltern, Schüler, Arbeitnehmer und Beamte <u>müssen
    schon länger sparen</u>.

    → _____.

9   Wenn Schulen sparen müssen, wird an Kosten für Papier und Material
    für den Kunstunterricht <u>gespart</u>.

    → _____.

10 Die Europäische Union und sämtliche Mitgliedsstaaten <u>müssen
    sparen</u>.

    → _____.

11 Nach der Rezession 2001 <u>mussten viele Unternehmen kürzertreten</u>.

    → _____.

12 Geschenke sind willkommen aber unnötig, in einer Zeit, wo jeder
    <u>sparen soll</u>.

    → _____.

viel um die Ohren haben 바쁘다

1 Auch wenn man beschäftigt ist, sollte man nie Freunde und Familie aus den Augen lassen.

→ Auch wenn man viel um die Ohren hat, sollte man nie Freunde und Familie aus den Augen lassen

2 Stör mich bitte nicht, ich habe sehr viel zu tun.

→ _____.

3 Durch den Umzug hat er alle Hände voll zu tun.

→ _____.

4 Er hatte mit seiner Arbeit so viel zu tun, dass er keine Zeit für seine Familie hatte.

→ _____.

5 Sie hatte ihren Mammographietermin nicht wahrgenommen, weil sie beruflich voll ausgelastet war.

→ _____.

6 Wer so gefragt ist, hat natürlich so viel zu tun.

→ _____.

etwas/nichts/etwas nicht über das(übers) Knie brechen 대충 해치우다

1 Das A und O bei Privatrentenverträgen ist, <u>nicht unüberlegt handeln</u>.

→ _____ .

2 Der Fußballstar will wieder spielen, will <u>aber nicht voreilige</u>
<u>Entscheidungen treffen</u>.

→ _____ .

3 Die Debatte wird seit 25 Jahren geführt und niemand möchte <u>eine</u>
<u>überstürzte Entscheidung treffen</u>.

→ _____ .

4 Eine Umstellung braucht Zeit, so etwas kann man <u>nicht so übereilt</u>
<u>entscheiden</u>.

→ _____ .

5 Eine Bandscheiben-OP <u>sollte man nicht überstürzt entscheiden</u>.

→ _____ .

6 Man sollte die Wiedervereinigung <u>nicht überstürzen</u>.

→ _____ .

3 Redewendungen(3) 관용어, 속담 3

1) etwas auf der Kippe stehen/sein
위기에 처해 있다, 아직 확정적이지 않다, 미정이다

- ▶ noch nicht entschieden sein
- ▶ unsicher, gefährdet, ungewiss sein
- ▶ Der Plan steht auf der Kippe.

  z.B. Es ist nicht sicher, dass alles so klappt, wie geplant.

2) etwas in die Wege leiten 준비하다, 무엇을 준비하고 실행에 옮기다

- ▶ etwas vorbereiten
- ▶ etwas in Gang setzen
- ▶ etwas veranlassen
- ▶ etwas unternehmen
- ▶ etwas anordnen
- ▶ den Anstoß zum Beginn geben

  z.B. "False News" spielen eine immer wichtigere Rolle in den Medien. Daher ist es wichtig, eine informative Öffentlichkeitsarbeit in die Wege zu leiten.

3) auf dem Laufenden sein/bleiben– 시사에 밝다/돌아가는 사정을 잘 알고 있다
jn. auf dem Laufenden halten 누구에게 돌아가는 일을 잘 보고하다

- ▶ bestens über das Neuste informiert sein
- ▶ Immer über die aktuellen Geschehnisse informiert sein

  z.B. Ich war im Urlaub und bin deshalb gerade nicht auf dem Laufenden.

etwas auf der Kippe stehen sein 위기에 처해 있다, 아직 확정적이지 않다

A: Der Plan steht auf der Kippe.
B: Sie sollten sich darauf einstellen, dass es nicht klappt.

etwas in die Wege leiten 무엇을 준비하고 실행에 옮기다

A: Haben Sie den Lieferanten benachrichtigt?
B: Ja, wir haben alle wichtigen Dinge in die Wege geleitet.

auf dem Laufenden sein 시사에 밝다/돌아가는 사정을 잘 알고 있다

A: Hat sich in der Angelegenheit etwas Neues ergeben?
B: Nein. Ich warte noch auf eine Rückmeldung.
A: Gut, halten Sie mich auf dem Laufenden.

etwas auf der Kippe stehen/sein 위기에 처해 있다, 아직 확정적이지 않다

1   Der geplante Staatsbesuch des ägyptischen Präsidenten ist noch
    ungewiss.

    → Der geplante Staatsbesuch des ägyptischen Präsidenten steht auf
      der Kippe.

2   Wenn man den Wasserhahn beim Verlassen der Wohnung nicht
    zudreht, ist der Versicherungsschutz gefährdet.

    → _____.

3   Wir sind uns nicht sicher- alles ist sehr ungewiss.

    → _____.

4   Der Ausgang der Wahl zum Bürgermeister ist noch nicht entschieden.

    → _____.

5   Bei einer Promillefahrt ist der Führerschein gefährdet.

    → _____.

6   Ist der Kapitalismus gefährdet?

    → _____.

7   Ist Weihnachten nicht sicher?

    → _____.

8   Durch die Reformen <u>ist</u> die Zukunft von Kaffee-Pfandbechern
     <u>unsicher</u>.

     → _____ .

9   Der Zeuge berichtete, dass sein Leben oft <u>in Gefahr gewesen sei</u>.

     → _____ .

10   Momentan <u>ist</u> die Veranstaltung <u>ungewiss</u>.

     → _____ .

11   Die Sanierung der Kulturhalle <u>ist noch nicht entschieden</u>.

     → _____ .

12   Die Durchführung der Musikfestspiele <u>ist</u> dieses Jahr <u>ungewiss</u>.

     → _____ .

etwas in die Wege leiten 무엇을 준비하고 실행에 옮기다

1   Die deutsche Post hat mit einer deutlichen Porto-Erhöhung
    begonnen.

    → Die deutsche Post hat eine deutliche Porto-Erhöhung in die Wege
       geleitet.

2   Heutzutage kann man Bankgeschäfte bequem direkt online
    veranlassen.

    → _____.

3   Wir haben im Juli Kollegen aus Korea eingeladen. Bitte bereiten Sie
    alles Notwendige vor.

    → _____.

4   Brexit-Befürworter wollten eigentlich erst 2017 den Anstoß zum
    Beginn geben.

    → _____.

5   Man sollte die Firmennachfolge früh vorbereiten.

    → _____.

6   Das Jugendamt musste dieses Jahr bereits 239 Inobhutnahmen
    veranlassen.

    → _____.

7   Spanien will eine Reform für eine EU-Ausweiskarte anordnen lassen.

    → _____.

8 Hätte, hätte- Fahrradkette! Rückengesundheit <u>vorbereiten</u> bevor es zu spät ist!

→ _____ .

auf dem Laufenden sein 시사에 밝다/돌아가는 사정을 잘 알고 있다

1 Mit dieser App sind Sie immer über das Neuste informiert.

→ Mit dieser App sind Sie immer auf dem Laufenden.

2 Wenn man im Job <u>auf dem neusten Stand bleiben möchte</u>, sollte man sich ein Zeitungsabo machen.

→ _____ .

3 Mit Indexaktien(Exchange Traded Funds) <u>ist</u> man immer <u>informierter</u>.

→ _____ .

4 Viele Bürger wollen über die Geschehnisse <u>informiert sein</u>.

→ _____ .

5 Nach drei großen industriellen Revolutionen ist es wichtig, dass man in Wirtschaft, Politik und Gesellschaft <u>über die aktuellen Geschehnisse informiert ist</u>.

→ _____ .

6 In der EU-Politik <u>sollte</u> man <u>über die aktuellen Geschehnisse informiert sein</u>.

→ _____ .

유형별 필수 표현

B2

관계절
Relativsätze

Relativpronomen	m.	f.	n.	Pl.
Nominativ	der	die	das	die
Genitiv	dessen	deren	dessen	deren
Dativ	dem	der	dem	denen
Akkusativ	den	die	das	die

▶ 관계절의 자리와 사용법 Lokale Relativsätze

Lokale Bedeutung 장소	Relativadverb 관계부사	
wo	wo / in / an + 3격	Ich ging in eine Schule, **wo/in der** es keine anderen ausländischen Kinder gab.
woher	woher / aus + 3격	Die Stadt, **woher/aus der** ich komme, ist für seine multikulturelle Gesellschaft bekannt.
wohin	wohin / in / an + 4격	In Korea, **wohin** ich später zog, fühlte ich mich daheim.
von wo(aus)	von wo aus	Ich zog später wieder zurück nach Berlin, **von wo** aus ich zu Hause arbeiten durfte.

Beispiel A) Das ist das Haus, **wo** ich früher gelebt habe. 내가 예전에 살았던 집

B) Das ist das Haus, **in dem** ich früher gelebt habe. 내가 예전에 살았던 집

두 문장을 사용하여 관계절을 만들어 보세요.

1격

1 Der neue Mitarbeiter ist krank. Er soll 5 Fremdsprachen beherrschen.

→ Der neue Mitarbeiter, der 5 Fremdsprachen sprechen soll, ist krank.

2 Das ist der Baum. Der Baum ist mit Parasiten befallen.

→ _____.

3 Das ist der Arzt. Der Arzt kommt heute zur Visite.

→ _____.

4 Das ist die Lehrerin. Die Lehrerin ist neu an der Schule.

→ _____.

2격

1 Das ist die Frau. Der Mann der Frau war vor Kurzem in einen schweren Autounfall verwickelt.

→ Das ist die Frau, deren Mann vor kurzem in einen schweren Verkehrsunfall verwickelt war.

2 Das ist mein Kollege. Die Kinder meines Kollegen gehen auf das gleiche Gymnasium wie meine Kinder.

→ _____.

3　Das ist die Mitarbeiterin. Der Mann der Mitarbeiterin arbeitet bei der Telekom.

→ _____.

4　Das ist das Auto. Der Motor des Autos ist sehr leise.

→ _____.

5　Das ist der Raum. Seine Wände sehen heruntergekommen aus.

→ _____.

3격

1　Mein Kollege hat mir noch nicht geantwortet. Ich habe ihm vor einer Woche geschrieben.

→ _____.

2　Ein Bekannter sucht eine Stelle. Ihm gefällt seine Arbeit nicht mehr.

→ _____.

3　Meine Nachbarin ist nett. Ihr gehört das Haus gegenüber.

→ _____.

4격 / 1격

1　Ich suchte meinen Wagen. Ich hatte den Wagen spät am Abend geparkt.

→ _____.

2 Ich habe eine Tankstelle gefunden. Die Tankstelle funktionierte auch.

   → _____ .

3 Jeder Antrag wird sorgfältig überprüft. Der Antrag trifft ein.

   → _____ .

4 Jemand entscheidet sich spät. Jemand hat Pech gehabt.

   → _____ .

5 Er verlangte eine Entschädigung. Die Entschädigung erhielt er sofort.

   → _____ .

6 Er hatte sich kurz vor seinem Geburtstag sein Hüftgelenk gebrochen.
   Er musste den Geburtstag im Krankenhaus verbringen.

   → _____ .

7 Er suchte seinen Anwalt auf. Der Anwalt wollte allerdings gerade
   verreisen.

   → _____ .

8 Es gibt Menschen. Die Menschen sind mit nichts zufrieden.

   → _____ .

9 Sie entließen den Mitarbeiter. Der Mitarbeiter hat 30 Jahre bei Ihnen
   gearbeitet.

   → _____ .

10 Er wird ihr keine Schallplatte schenken. Die Schallplatte kennt sie nicht.

→ _____.

11 Jene Leute bringen es am weitesten. Die Leute sind ehrlich.

→ _____.

12 Herr Müller ist der Kandidat. Herr Müller hat die besten Aussichten.

→ _____.

13 Der Mann muss abtreten. Den Mann haben viele geschätzt.

→ _____.

Übung 02 관계부사를 사용해서 문장 빈칸을 채우세요.

1 Das ist die Stadt, _____ ich früher gelebt habe.

2 Das ist die Werkstatt, _____ ich mein Auto gebracht habe.

3 Das ist das Auto, _____ wir gesessen haben.

4 Das ist das Restaurant, _____ wir später gehen werden.

5 Das ist der Strand, _____ wir später schwimmen gehen werden.

6 Immer dort/da, _____ er beruflich zu tun hatte, baute er sich gute Kontakte auf.

7 Ich bin in Italien überall dort, _____ man gut shoppen kann.

8 Meine Frau verbringt den Urlaub(dort), _____ es gutes Essen gibt.

9 Ich stamme aus einem Stadtteil Seouls, _____ auch Herr Kim stammt.

10 Er ging schon immer (dorthin), _____ man ihn schickte.

11 Er stand auf einer Treppe, _____ er die Versammlung überblicken konnte.

12 Hawai ist ein Ort, _____ ich gerne einmal reisen würde.

13 Heidelberg ist die Stadt, _____ ich am liebsten studiert hätte.

14 Korea ist das Land, _____ meine Eltern stammen.

15 Das ist das Kino, _____ der letzte Avengers Film läuft.

16 Das ist die Sprachschule, _____ ich früher gearbeitet habe.

17 An der Grenze, _____ die Umgebung kontrolliert werden konnte, baute man Türme.

18 Die Mieten der Wohnungen, _____ man die U-Bahn schnell erreichen konnte, waren sehr hoch.

시간과 조건을 나타내는 표현
Temporalsätze

Lektion 13

▶ 시간과 조건을 나타내는 전치사 및 접속사

동사의 형태 (Verbalform)		명사의 형태 (Nominalform)	
접속사	Beispiel	전치사	Beispiel
wenn/als	Wenn die Prüfung anfängt/beginnt, müssen alle Handys ausgeschaltet sein. Als sie ankam, hatte die Prüfung bereits begonnen.	bei + 3격 mit + 3격(시간) zu + 3격 an + 3격	Bei ihrer Ankunft hatte die Prüfung bereits begonnen. Zu/Mit Beginn der Prüfung müssen alle Handys ausgeschaltet sein. Am Anfang des Unterrichts hatten viele keine Hausaufgaben.
Wenn + kein	Wenn Sie **keinen** Ausweis vorzeigen, können Sie nicht eintreten.	ohne + 4격	Ohne einen Ausweis können Sie nicht eintreten.
während/ solange	Während er Deutsch lernt, hört er oft Musik. Solange er Deutsch lernte, hörte er oft Musik.	während + 2격	Während des Deutschlernens hörte er oft Musik.
bevor/ehe	Bevor er nach Deutschland kam, studierte er in Korea Musik.	vor + 3격	Vor seiner Ankunft in Deutschland studierte er in Korea.

seitdem	**Seitdem** sie in Deutschland ist, fällt es ihr schwer, Deutsch zu verstehen.	**seit** + 3격	**Seit ihrer Ankunft in Deutschland** fällt es ihr schwer, Deutsch zu verstehen.
nachdem	**Nachdem** sie nach Deutschland gekommen war, suchte sie eine Wohnung.	**nach** + 3격	**Nach ihrer Ankunft in Deutschland** suchte sie eine passende Wohnung.
bis	**Bis** das Studium endet, muss sie 4 Hausarbeiten schreiben.	**bis zu** + 3격	**Bis zum Ende des Studiums** muss sie 4 Hausarbeiten schreiben.

*zu/mit + 시간적 명사 z.B. der Beginn, der Anfang(시작), das Feststehen(확정) etc.

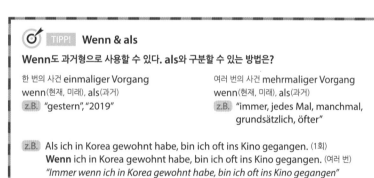

🎯 TIPP! **Wenn & als**

Wenn도 과거형으로 사용할 수 있다. **als**와 구분할 수 있는 방법은?

한 번의 사건 einmaliger Vorgang
wenn(현재, 미래), als(과거)
z.B. "gestern", "2019"

여러 번의 사건 mehrmaliger Vorgang
wenn(현재, 미래), als(과거)
z.B. "immer, jedes Mal, manchmal, grundsätzlich, öfter"

z.B. **Als** ich in Korea gewohnt habe, bin ich oft ins Kino gegangen. (1회)
Wenn ich in Korea gewohnt habe, bin ich oft ins Kino gegangen. (여러 번)
"Immer wenn ich in Korea gewohnt habe, bin ich oft ins Kino gegangen"

Übung 01 부사절을 부사구로 바꾸세요.

1   Als er sich rasierte, schnitt er sich. (das Rasieren)

→ Beim Rasieren schnitt er sich.

2   **Als sie kochte**, verbrannte sie sich. (das Kochen)

→ _____.

3   **Wenn ich mit Auto fahre**, höre ich immer Radio. (das Autofahren)

→ _____.

4   **Als wir ankamen**, schien in Berlin die Sonne. (die Ankunft)

→ _____.

5   **Wenn das Wetter günstig ist**, können wir starten. (das günstige
Wetter)

→ _____.

6   **Wenn ich kein Gepäck hätte**, würde ich mitkommen. (das Gepäck)

→ _____.

7   **Als die Läufer starteten**, fiel plötzlich Regen. (der Start der Läufer)

→ _____.

접속사를 사용해서 두 문장을 연결하세요.

1 Ich habe die Abteilung gewechselt. Meine Kollegen waren sauer auf mich.(Ugs.)

    → Als ich die Abteilung gewechselt habe, waren meine Kollegen sauer auf mich

2 Ich fliege öfter nach Madrid. Ich kann während des Fluges die Protokolle lesen.

    → _____.

3 Meine Arbeitswoche endet immer am Freitagnachmittag. Danach bin ich nicht mehr zu erreichen.

    → _____.

4 In zwei Wochen ist das Treffen mit meinen ehemaligen Schulfreunden. Ich werde dabei sein.

    → _____.

5 Ich habe von den Nachrichten gehört. Ich bin sofort zurückgereist.

    → _____.

6 Ich musste in ein anderes Gebäude umziehen. Dabei sind viele Sachen verloren gegangen.

    → _____.

7 Ich musste für meine Firma nach Frankreich fahren. Ich habe jedes Mal den eigenen Wagen benutzt.

    → _____.

알맞은 시간 전치사를 사용하여 부사구를 만들어 보세요.

1 Manche Studenten beginnen mit den Bewerbungen erst, wenn die Abschlussnote feststeht. (das Feststehen)

→ _____ .

2 Während viele Studenten in Korea noch zur Uni gehen, haben sie nebenbei zwei oder drei Nebenjobs. (die Studienzeit, das Studium)

→ _____ .

3 Bevor er sich für die Stelle bewarb, informierte er sich über die Arbeitsverhältnisse. (die Bewerbung für die Stelle)

→ _____ .

4 Er nahm seine Arbeit erst auf, nachdem er ein Jahr Pause gemacht hatte. (ein Jahr Pause)

→ _____ .

5 Als sie ihre Email abschicken wollte, stürzte der Computer ab. (das Abschicken der Email)

→ _____ .

6 Manche Schüler leisten ein *"Freiwilliges Soziales Jahr", sobald sie die Schule abgeschlossen haben. (der Schulabschluss) *자발적 사회봉사의 해

→ _____ .

7 Sie beginnt mit dem Studium, nachdem sie ihre C1 Prüfung abgelegt hatte. (das Ablegen der C1-Prüfung)

→ _____ .

동사를 사용해서 부사구를 부사절로 바꾸세요.

1   Nach Bestehen der Prüfung fühlte sie sich besser. (bestehen)

→ _____.

2   Während unserer Kindheit haben wir auf diesem Platz Fußball
      gespielt. (ein Kind sein)

→ _____.

3   Bis zur Bewilligung des Projekts müssen noch viele Fragen geklärt
      werden. (bewilligen; Passiv)

→ _____.

4   Nach der Vorstellung wurde ein kleiner Imbiss gereicht.
      (die Vorstellung enden)

→ _____.

5   Bis zum Abschluss der Verhandlungen werden noch Monate
      vergehen. (Verhandlungen abschließen; Passiv)

→ _____.

6   Nach zweistündiger Diskussionen waren alle erschöpft. (diskutieren)

→ _____.

7   Bis zum Abschluss der Ausbildung leben viele Studenten in Korea bei
      ihren Eltern. (die Ausbildung abschließen)

→ _____.

8 Seit seiner Pensionierung engagiert er sich ehrenamtlich für Obdachlose. (pensionieren; Passiv)

→ _____.

9 Nach Beendingung des Programms konnten die Teilnehmer per Bustransfer in ihr Hotel gelangen. (Programm beenden; Passiv)

→ _____.

10 Seit der Aufdeckung des Skandals sind die Aktienpreise gesunken. (den Skandal aufdecken; Passiv)

→ _____.

원인절
Kausalsätze

▶ 원인구 Kausale Angaben

wegen + Gen	Sie ist **wegen des Wetters** zu Hause geblieben.
aufgrund + Gen	**Aufgrund eines Stromausfalls** bleibt die Firma heute geschlossen.
vor + Dat	Sie zitterte **vor Angst** am ganzen Körper.
aus + Dat	Ich schließe **aus Angst** immer die Tür ab.

Übung 01 빈칸에 들어갈 알맞은 단어를 고르세요.

1 _____ der Zeugenaussage wurde er freigesprochen.

   (A) Aus   (B) Wegen   (C) Aufgrund   (D) Vor

2 Er durfte _____ eines Herzfehlers nicht Tennisssspielen.

   (A) aus   (B) wegen   (C) aufgrund   (D) vor

3. Es wurden größere Summen _____ des Elends der
    Obdachlosen gespendet.

   (A) aus   (B) wegen   (C) aufgrund   (D) vor

4 Es wurden ihm _____ eines Rechenfehlers 150 Euro mehr
   ausgezahlt.

   (A) aus   (B) wegen   (C) aufgrund   (D) vor

5   Er verließ die Stadt, _____ Furcht verhaftet zu werden.

(A) aus   (B) wegen   (C) aufgrund   (D) vor

6   Er hat seinen Cousin _____ Eifersucht erschlagen.

(A) aus   (B) wegen   (C) aufgrund   (D) vor

7   Sie fiel _____ Angst und Schrecken in Ohnmacht.

(A) aus   (B) wegen   (C) aufgrund   (D) vor

Review

1. wegen / aufgrund 구분 방법

▶ wegen는 일반적일 때 사용, aufgrund는 문서에서 사용

2. aus / vor 구분 방법

▶ aus는 의식적인 행동을 나타낼 때, vor는 무의식적인 행동을 나타낼 때 사용

3. 전치사 aufgrund 동의어는?

▶ infolge, angesichts

4. 부사절을 부사구로 바꾸는 연습

z.B. Weil es zu viele Bewerber gibt, gibt es nicht genügend Studienplätze.

Lösung: Wegen der vielen Bewerber gibt es nicht genügend Studienplätze.

Verbalform	Nominalformgeblieben
weil + Verb da + Verb	aufgrund + Genitiv wegen + Genitiv vor + Dativ aus + Dativ
Da es zu viele Anfragen gab, wurden die Bürozeiten verlängert.	Aufgrund der vielen Anfragen wurden die Bürozeiten verlängert.
Ihr fiel das Glas aus der Hand, weil sie sich erschreckt hatte.	1.
Weil viele Lehrkräfte krank sind, fällt der Unterricht morgen aus.	2.
Weil sie sich vor dem Hund fürchtete, blieb sie stehen.	3.
Da ein Marathon stattfindet, ist die Innenstadt gesperrt.	4.

Sie nahm das Tier bei sich auf, weil sie Mitleid mit ihm hatte.	5.
Weil er sich schämte, verschwieg er den Grund seines Fehlens.	6.
Er schwitzte, weil er sich anstrengen musste.	7.
Weil das Hotelzimmer kalt war, beschwerte sich der Gast an der Rezeption.	8.
Ihr fielen die Augen zu, weil sie so müde war.	9.

5. 이유를 나타내는 단어들

Ich bin wegen eines Arztermins spät.		Grund
1. Ich bin spät.		**denn** ich war beim Arzt.
2. Ich bin spät.		Ich war **nämlich** beim Arzt.
3. Ich war beim Arzt.	↔	,**deshalb*** bin ich spät. Ich bin **deshalb** spät. ***deshalb, deswegen, daher, darum, somit**
4. Ich bin spät.		**weil** ich beim Arzt war.
5. **Da** ich beim Arzt war,		bin ich spät.

Wegen des Ärgers mit meiner alten Internetadresse habe ich eine Neue.	Grund
1.	**denn**
2.	**nämlich**
3. ↔	**,deshalb*** **deshalb** ***deshalb, deswegen, daher, darum, somit**
4.	**weil**
5. Da	

Wegen ihrer immer besser werdenden Deutschkenntnisse hat sie bessere Chancen auf ein Studium.	Grund
1.	**denn**
2.	**nämlich**
3. ↔	**,deshalb*** **deshalb** ***deshalb, deswegen, daher, darum, somit**
4.	**weil**
5. Da	

목적절
Finalsätze

▶ Finalangaben 목적구

zu + Dat	~하기 위해 ~하러	Ich bin **zum Studium** nach Deutschland gekommen.
zwecks + Gen zum Zwecke + Gen um + Gen willen	~하기 위해(공식적)	**Zwecks Terminvereinbarung** setzen Sie sich mit Frau Kim in Verbindung. **Zum Zwecke der** Terminvereinbarung setzen Sie sich mit Frau Kim in Verbindung. (gehoben) **Um** einer Terminvereinbarung **willen** setzen Sie sich mit Frau Kim in Verbindung.
für + Akk	~을 위해	**Für eine Beförderung** ist ein Studium notwendig.
mit dem Ziel	~을 목표로 삼다	Ich ging nach Korea **mit dem Ziel,** mich beruflich weiter**zu**entwickeln.

빈칸에 들어갈 알맞은 단어를 고르세요.

1   Er düngt die Blumen _____ besseren Wachstum der Pflanzen.

   (A) zum   (B) zur   (C) zwecks   (D) für

2   Er annonciert in der Zeitung _____Vermietung seiner Wohnung.

   (A) zum   (B) zur   (C) zwecks   (D) für

3   _____ bessere Chancen auf dem Arbeitsmarkt nehmen viele ein Studium auf.

   (A) Zum   (B) Zur   (C) Zwecks   (D) Für

4   Wir richten uns ein Zimmer _____ Unterbringung der Gäste ein.

   (A) zum   (B) zur   (C) zwecks   (D) für

5   Ich baue mir einen Pool _____ Erfrischung meiner Gäste.

   (A) zum   (B) zur   (C) zwecks   (D) für

6   _____ besserer Koordination wurden die Ministerien zusammengelegt.

   (A) Zum   (B) Zur   (C) Zwecks   (D) Für

7   Er wurde _____ Feststellung der Personalien aufs Polizeirevier gebracht.

   (A) zum   (B) zur   (C) zwecks   (D) für

8   Er kaufte sich _____ Freude seiner Tochter ein neues Auto.

   (A) zum   (B) zur   (C) zwecks   (D) für

Review

1. zu / zwecks 구분 방법

▶ zu는 일반적으로 사용되는 경우

▶ zwecks는 문서에서 사용되는 경우

2. 전치사 zwecks의 동의어는?

▶ um.. + Gen. willen

▶ zum Zwecke + Gen

3. 부사구를 부사절로 바꾸는 연습

z.B. Die Frau hängte ihre Wäsche zum Trocknen auf die Wäscheleine.

Die Frau hängte die Wäsche auf die Wäscheleine, damit die Wäsche trocknet.

Verbalform	Nominalformgeblieben
um..zu damit + Verb	zu + Dat. zwecks + Gen. (zum Zwecke + Gen., um +Gen. willen) für + Akk
1.	Für den Erhalt der Wohnung mussten die Eltern ihr Gehalt offenlegen.
2.	Zum besseren Einschlafen liest sie abends immer ein Buch.
3.	Für die schnellere Übermittlung an den Empfänger wurden die Leitungen ausgebessert.
4.	Für bessere Chancen auf dem Arbeitsmarkt hat sie einen Deutschkurs belegt.
5.	Der Arzt gab ihr zur Beruhigung eine Spritze.

6.	Der Lehrer gab ihnen zum besseren Verständnis der deutschen Grammatik eine schwierige Aufgabe.
7.	Der Lehrer schenkte dem Schüler zur Erinnerung eine Brosche.
8.	Viele Studenten kommen für ein Musikstudium nach Deutschland.
9.	Die Eltern schickten ihren Sohn zum Deutschlernen in ein "Hakwon".
10.	Mein Großvater benutzte eine Lupe zum Zeitunglesen.
11.	Der Vater kaufte sich einen Computer zum Verschicken von Emails.

4. Finalsatz를 사용해서 문장을 만들어 보세요.

▶ um.. + Gen. willen

▶ zum Zwecke + Gen

A) sonst/andernfalls = um nicht zu + 동사원형

1 Um nicht Ärger mit dem Chef zu bekommen, bleibe ich eine Stunde länger an meinem Arbeitsplatz.

→ Ich bleibe eine Stunde länger an meinem Arbeitsplatz, andernfalls/ sonst bekomme ich Ärger mit meinem Chef.

2 Um nicht depressiv zu werden, gehe ich nach langen Arbeitsphasen an die frische Luft.

→ _____.

3 Ich suche mir immer neue Herausforderungen, damit das Leben nicht monoton und langweilig wird.

→ _____.

4 Um noch einen Platz im Kurs zu bekommen, meldete er sich schnell an.

→ _____.

5 Um seinen Flug nicht zu verpassen, beeilte er sich.

→ _____.

6 Um nicht zu viele Steuern zu bezahlen, suchte sie sich einen Steuerberater.

→ _____.

B) weil + wollte = um zu

1 Weil er seinen Urlaub in Amerika verbringen wollte, machte er häufig Überstunden.

→ Um seinen Urlaub in Amerika zu verbringen, machte er häufig Überstunden.

2 Weil er seinen Arbeitsplatz nicht verlieren wollte, suchte er sich immer neue Herausforderungen.

→ _____.

3 Weil er Jura studieren wollte, legte er das C2 Zertifikat ab.

→ _____.

4 Weil er besser sehen wollte, ließ er sich an den Augen operieren.

→ _____.

5 Weil sie in Berlin studieren wollte, nahm sie Kontakt mit einem Hochschulprofessor auf.

→ _____.

6   Weil sie den gleichen Fehler nicht noch einmal wiederholen wollte,
    versuchte sie sich an jedes Detail zu erinnern.

→ _____.

C) möchte, deshalb = damit

1   Er möchte keine Probleme mit dem Gesetz, deshalb hält er sich
    immer strikt an die Regeln.

    → Damit er keine Probleme mit dem Gesetz bekommt, hält er sich
      immer strikt an die Regeln.

2   Sie möchte für die Aufnahmen wieder in Form kommen, deshalb
    macht sie eine Fastenkur.

    → _____.

3   Die Gruppe möchte so schnell wie möglich essen, deshalb
    beschleunigten sie ihren Laufschritt.

    → _____.

4   Die Nachbarn möchten keine Fliegen im Haus, deshalb öffnen sie nie
    die Fenster.

    → _____.

5   Der Chef möchte eine größere Wohnung haben, deshalb suchte er im
    Internet nach einer neuen Wohnung.

    → _____.

6   Die Lehrerin möchte den Schülern Hilfestellungen geben, deshalb
    betonte sie die Buchstaben beim Diktat.

    → _____.

D) Ebenso: denn sollten = damit

1   Die Eltern stellten den Fernseher leise, denn die Katze sollte sich nicht erschrecken.

   → Die Eltern stellten den Fernseher leise, damit sich die Katze nicht erschreckt.

2   Die Freundin drehte sich nach dem Abschied nicht mehr um, denn der Abschied sollte nicht schwerfallen.

   → _____.

3   Sie bekam die Beförderung, denn sie sollte sich ein Auto kaufen.

   → _____.

4   Man schaltete das Internet ab, denn sie sollte arbeiten, anstatt im Internet zu surfen.

   → _____.

5   Sie nahm an dem Intensivkurs teil, denn sie sollte in Deutschland studieren.

   → _____.

6   Sie nahm extra Privatstunden, denn sie sollte sich besser mit Deutschen unterhalten können.

   → _____.

5. 목표와 의도를 나타내는 단어들

Ich spare für ein Auto.	Grund
1. Ich spare,	um mir ein Auto zu kaufen.
2. Ich lerne Deutsch,	damit ich mir ein Auto kaufen kann.
3. **Ich will/möchte mir ein Auto kaufen** ↔	**dafür*** spare ich. ***dazu** **deshalb*** **spare ich.**
4. Ich **will mir ein Auto kaufen,**	deshalb, daher, deswegen, aus diesem Grund, spare ich
5. Ich muss sparen,	**um** <u>nicht</u> auf ein Auto verzichten zu müssen. **andernfalls/sonst** muss ich auf ein Auto verzichten.

6. 목적과 의도 표현 연습

Viele koreanische Studenten kommen zum Studium nach Deutschland.	Grund
1. Viele koreanische Studenten kommen nach Deutschland,	um hier/dort zu studieren.
2.	damit
3.	**dafür*** V + S +O ***dazu**
4.	**deshalb*** V+ O deshalb, daher, deswegen, aus diesem Grund,
5.	**um** <u>nicht</u> + O zu + V **andernfalls/sonst** V +S + O

양보절
Konzessivsätze

▶ 양보구 Konzessive Angaben

trotz + Gen	Er ging trotz der Warnungen aufs Eis.
ungeachtet + Gen. (gehoben)	Ungeachtet der Warnzeichen fuhr er in die falsche Richtung.

Übung 빈 칸을 채우세요.

1 Ungeachtet _____ bezahlte sie die Handyrechnung nicht.

   • *die Mahnungen*
   • *wiederholt*

2 Ungeachtet _____ wurde er entlassen.

   • *die Dienste*
   • *sein*

3 Ungeachtet _____ , dass es dunkel war, ging sie durch den Wald.

   • *die Tatsache*

4 Trotz _____ wurde er nicht angenommen.

   • *Die Hartnäckigkeit*
   • *sein*

5 Trotz _____ ging er zur Begrüßungsveranstaltung.

• *die gesundheitliche Verfassung*

• *schlecht*

6 Trotz _____ gingen die Bauarbeiten weiter.

• *der Regen*

• *strömend*

Review 📖

1. Trotz / ungeachtet 구분 방법

▶ trotz는 일반적일 때 사용

▶ ungeachtet는 문서에서 사용

2. 전치사 trotz 동의어는?

▶ ohne Rücksicht auf + Akk

3. 부사구를 부사절로 바꾸세요.

Verbalform	Nominalformgeblieben
obwohl + Verb obschon obgleich	trotz + Genitiv/Dativ ungeachtet + Gen
1. Obwohl das Wetter sehr schlecht war, nahm sie keinen Regenschirm mit.	Trotz des schlechten Wetters nahm sie keinen Regenschirm mit.
2.	Trotz seiner guten Leistungen bekam er keine Empfehlung.
3.	Trotz der Bedenken der Nachbarn veranstalteten sie die Party.
4.	Trotz des Regens wurde das Spiel fortgesetzt.
5.	Trotz der vielen Arbeit besucht er regelmäßig seine Bekannten in Deutschland.
6.	Ungeachtet der vielen Anfragen verkürzten sie die Bürozeiten.
7.	Trotz des hohen Mietpreises nahm er die Wohnung.

8.	Trotz der vielen Krankheitsfälle wurde der Unterricht fortgesetzt.
9.	Trotz der Glorifizierung von E-Autos schneiden die Autos in Umfragen schlecht ab.
10.	Trotz der vielen Streaming Angebote gehen viele ins Kino.
11.	Trotz des Artensterbens essen die Menschen nicht bewusster.
12.	Trotz Fahrradschlösser werden in Berlin viele Fahrräder geklaut.
13.	Trotz des Parkverbots parken viele Autofahrer dort.
14.	Trotz der vielen Arbeit nahm er sich einen Tag frei.
15.	Trotz der Aufmerksamkeit des Personals werden immer wieder Handys gestohlen.
16.	Trotz der vielen Baustellen kommt man in Berlin gut durch die Straßen.
17.	Trotz seines langjährigen Aufenthalts in Amerika spricht er immer noch nicht fließend Englisch.
18.	Trotz der steigenden Zahl der Arbeitslosen tut die Regierung nichts.
19.	Trotz der hohen Studiengebühren wird in Korea der Bachelorabschluss bei 87% der Studierenden angepeilt.

4. 아래 표현을 사용하여 같은 문장을 만들어 보세요.

* Ungeachtet der Tatsache, dass
* Ungeachtet dessen, dass
* Trotz der Tatsache, dass

Ungeachtet dessen, dass	das Wetter schlecht war, nahm sie keinen Regenschirm mit.
Ungeachtet der Tatsache, dass	das Wetter schlecht war, nahm sie keinen Regenschirm mit.
Trotz der Tatsache, dass	das Wetter schlecht war, nahm sie keinen Regenschirm mit.

5. 제한을 나타내는 표현들

Trotz des hohen Preises wird die Tasche immer noch oft gekauft.	
1. Die Tasche wird immer noch oft gekauft,	**obwohl** der Preis sehr hoch ist.
2. **Zwar** ist der Preis der Tasche sehr hoch,	Sie wird **aber** immer noch oft gekauft.
3. Der Preis der Tasche ist sehr hoch, ↔	**trotzdem*** wird sie immer noch oft gekauft. Sie wird trotzdem immer noch oft gekauft. ***dennoch, dem/dessen ungeachtet, so**

6. 제한 표현하기 연습

Trotz ihres Alters erfüllt sie ihre Aufgaben zur vollsten Zufriedenheit.		
	obwohl	
Zwar		**aber**
	trotzdem	

Trotz vieler Termine ließ sie sich seine Müdigkeit nicht anmerken.		
	obwohl	
Zwar		**aber**
	trotzdem	

Lektion
17

결과절
Konsekutivsätze

▶ 결과구 Konsekutive Angaben

| Infolge + Gen. | **Infolge seiner guten Deutschkenntnisse** bekam er die Stelle. |
| Infolge + von | **Infolge von Krieg** sind viele geflüchtet. |

Übung 01 전치사 infolge/infolge von을 사용하여 빈칸을 채우세요.

1 _____ konnte kein Garantiefall festgestellt werden.

   • *der Umgang*
   • *fehlerhaft*

2 _____ besitzt fast jeder ein Smartphone.

   • *der Wandel*
   • *technologisch*

3 _____ wurde die Eingangstür tagsüber abgeschlossen.

   • *Raub und Diebstahl*

4 Sie bekam die Stelle sofort _____.

   • *die Deutschkenntnisse*
   • *gut*

5 _____ muss die Veranstaltung abgesagt werden.

   • *die Erkrankungen*
   • *mehrere*

6 _____ wurden die Bauarbeiten abgebrochen.

- *der Regen*
- *strömend*

Übung 02 부사구를 부사절로 바꿔 보세요.

Verbalform	Nominalformgeblieben
sodass so + Adj., dass	Infolge + Gen. Infolge von + Dat.
1.	Infolge des heftigen Gewitters sind Sachschäden in Millionenhöhe entstanden.
2.	Infolge eines schweren Behandlungsfehlers kann sie nicht mehr gehen.
3.	Infolge des heißen Sommers fuhren viele Deutsche an den Strand.
4.	Infolge übermäßigen Stresses musste sie sich Urlaub nehmen.
5.	Infolge des Hochwassers waren die Straßen unpassierbar.
6.	Infolge seiner Unerfahrenheit bekam er Probleme auf der Arbeit.
7.	Infolge seiner häufigen Überstunden wurde er krank.
8.	Infolge übermäßigen Tabakkonsums kann die Lunge erkranken.
Er war so krank, dass er absagen musste.	9.

Er arbeitete Tag und Nacht, sodass er krank wurde	10.
Das Wetter war so schlecht, dass die Grillparty verschoben wurde.	11.
Er sprach so schnell, dass ihn keiner verstand.	12.
Der Patient schrie so laut, dass man ihn mit Medikamenten ruhig stellen musste.	13.
Die Matheaufgaben waren so schwer, dass 10.000 Schüler demonstrierten.	14.
Er war so erfahren, dass er die Situation meisterte.	15.
Die Räume waren derart warm, dass man es innen kaum aushielt.	16.
Die Klimaanlage war so kalt, dass sie sich eine Erkältung zuzog.	17.
Sie hielt so lange den Atem an, dass ihr schwindlig wurde.	18.
Sie war so reich, dass sie sich eine Villa leisten konnte.	19.

Review

1. Aufgrund / infolge 차이?

▶ aufgrund 원인, 행위자

▶ infolge 결과

2. 결과를 나타내는 표현들

Infolge der lauten Musik rief der Nachbar die Polizei.	
1. Die Musik war laut,	**sodass** der Nachbar die Polizei rief.
2. **Die Musik war so* laut** ***dermaßen,derart(ig)**	**dass** der Nachbar die Polizei rief.
3. Die Musik ist laut,	**weshalb*** der Nachbar die Polizei rief. ***weswegen**
4. Die Musik ist zu laut,	**deswegen*** rief der Nachbar die Polizei. ***daher, darum, aus diesem Grund, infolgedessen**
5. Die Musik war zu laut.	**Folglich** rief der Nachbar die Polizei.

3. 결과 표현하기 연습

Infolge des starken Windes entschied man sich, nicht zu surfen.	
1.	sodass
2. *dermaßen,derart(ig)	dass
3.	weshalb* *weswegen
4.	deswegen* *daher, darum, aus diesem Grund, infolgedessen
5.	Folglich

Infolge der Komplexität der Aufgabe konnten die Schüler sie nicht lösen.	
1.	sodass
2.	dass
*dermaßen,derart(ig)	
3.	weshalb*
	*weswegen
4.	deswegen*
	*daher, darum, aus diesem Grund, infolgedessen
5.	Folglich

대립절
Adversativsätze

1 adversativ

lat: adversus = gegen(반해서)

entgegenstellen(무엇에 반대하다)

Verbalform	Nominalformgeblieben
während 주 + 목 + 동	im Gegensatz zu + Dat (Person)
Während seine Kollegen sehr zuverlässig sind, ist er sehr faul.	Im Gegensatz zu seinen Kollegen, die sehr zuverlässig sind, ist er sehr faul.
1.	Im Gegensatz zu meinem Kollegen, der heute in den Urlaub fährt, muss ich noch 6 Wochen arbeiten.
2.	Im Gegensatz zu ihrer Mutter, die klein ist, sind die Kinder sehr groß.
3.	Im Gegensatz zu Anna, die die Prüfung schon bestanden hat, muss Yuna die Prüfung wiederholen.
4.	Im Gegensatz zu ihr, die alle Privilegien hatte, mussten sich die anderen alles hart erkämpfen.
5.	Im Gegensatz zu früher, als er nur auf dem Sofa saß, treibt er heute viel Sport.
6.	Im Gegensatz zu damals, als man nur ein Sprachzertifikat bestehen musste, sind gute heute Deutschkenntnisse gefragt.
7.	Im Gegensatz zu Herrn Kim, der den Bus nahm, fuhr sie mit dem Auto.
8.	Im Gegensatz zu den Kindern ihrer Cousine, deren Kinder sich nicht impfen ließen, ließ sie ihre Kinder impfen.

9.	Im Gegensatz zu der älteren Generation, die keinem Youtuber folgen, vertraut die jüngere Generation auf das, was Youtuber sagen.
10.	Im Gegensatz zu gestern, wo es in Strömen geregnet hat, ist es heute schön.
11.	Im Gegensatz zu meiner Tochter, die Apfelsaft mag, trinke ich lieber Orangensaft.

▶ 유의어 표현 "im Gegensatz zu" = anders als, im Kontrast zu etc.
▶ 관용어 표현 "Gegensatz"
  – Gegensätze ziehen sich an = Menschen mit gegensätzlichem Charakter finden sich anziehend, sympathisch.

2 반대를 나타내는 표현들

Im Gegensatz zu Korea, das sehr geschäftig ist, ist das Leben in Deutschland sehr entspannt.	
1. Das Leben in Korea ist sehr geschäftig	**Demgegenüber*** ist das Leben in Deutschland sehr entspannt. **dagegen, hingegen**
2. Das Leben in Korea ist sehr geschäftig,	**während*** das Leben in Deutschland sehr entspannt ist. ***wohingegen, indes, indessen**
3. Das Leben in Korea ist sehr geschäftig,	**doch*** das Leben in Deutschland ist sehr entspannt. ***aber**
4. **Im Unterschied zu** Korea, wo das Leben sehr geschäftig ist,	ist das Leben in Deutschland sehr entspannt.

Im Gegensatz zu meinem Mann, der gerne campen oder in die Berge fahren würde, fahre ich lieber ans Meer.	
1.	**Demgegenüber***
	dagegen, hingegen
2.	**während***
	*wohingegen, indes, indessen
3.	**doch***
4. Im Unterschied zu	

Im Gegensatz zu meinem Bruder, der für sein Leben gern kocht, bin ich nicht so gern in der Küche.	
1.	**Demgegenüber***
	dagegen, hingegen
2.	**während***
	***wohingegen, indes, indessen**
3.	**doch***
4. **Im Unterschied zu**	

Im Gegensatz zu früher, als die Kinder draußen in der Natur gespielt haben, verbringen sie heute sehr viel Zeit vor dem Computer.	
1.	Demgegenüber*
	dagegen, hingegen
2.	während*
	*wohingegen, indes, indessen
3.	doch*
4. Im Unterschied zu	

상황절
Modalsätze

Verbalform 동사화	Nominalform 명사화
indem + Verb dadurch, dass + Verb	durch + Akk. unter + Akk. mit + Dat. mittels + Gen.
Sie lernte Deutsch, indem sie regelmäßig mit Muttersprachlern Deutsch lernte.	1.
Er schaffte sein Studium in Regelstudienzeit, indem er fleißig lernte.	2.
Dadurch, dass er sehr fleißig war, schaffte er sein Studium in Regelstudienzeit.	3.
Koreaner begrüßen sich, indem sie sich verbeugen.	4.
Die Banküberfälle sind zurückgegangen dadurch, dass man Alarmanlagen eingebaut hat.	5.
6.	Der Kanzler wurde durch ein Misstrauensvotum gestürzt.
7.	Durch gesunkene Kosten konnte das Unternehmen positive Ergebnisse vorweisen.
8.	Die Schüler haben mittels außerschulischen Unterrichts einen Vorsprung.
9.	Das Unternehmen hat Probleme an der Börse durch die Ausstrahlung eines rassistischen Werbespots.

10.	Viele Kinder sind unterernährt durch die mangelnde Versorgung.
11.	Viele Mitarbeiter behalten nicht ihren Arbeitsplatz durch die mangelnde Wertschätzung.
12.	Durch ein YouTube Video wurde die Klimadebatte neu aufgeworfen.
13.	Radfahrer empfinden zu enges Überholen durch Autofahrer bedrohlich.
14.	Jedes Jahr wurden 272 Millionen Euro durch Plakatwerbung erlöst.
15.	Man kann seine körperliche Fitness durch Fasten erlangen.

1. Indem / dadurch, dass 구분법

▶ indem은 수단과 방법의 의미로도 사용

▶ dadurch, dass 어떤 원인에 대한 결과를 언급할 때 사용

Übung 전치사 indem을 사용하여 빈칸을 채우세요.

어떻게 무엇을 해야 하나요? Wie macht man was?

1 Man bekommt eine Zeitung,

_____.

(abonnieren, sie, man)

2 Man schützt sich vor Gewitter,

_____.

(sich flach auf den Bauch legen)

3 Man kommt in das oberste Stockwerk,

_____.

(man nehmen, die Treppe)

4 Man bekommt seine vermissten Gepäckstücke wieder,

_____.

(man, anrufen, beim Fundbüro)

5 Man bleibt gesund, _____.
(viel Wasser trinken, genug schlafen)

6 Man kommt am schnellsten zum Flughafen,

_____.

(Bus X9 nehmen)

7 Man kann abnehmen, _____.
(viel trainieren, man)

8 Man kann Geld sparen, _____.
(Preise, vergleichen)

2. 방법을 나타내는 표현들

Durch den vielen Verkehr kam Sie zu spät zu Ihrem Termin.	
1. Sie kam zu spät zu Ihrem Termin **dadurch,**	**dass** viel Verkehr auf den Straßen herrschte.
2. Es herrschte viel Verkehr auf den Straßen,	**so*** kam sie zu spät zu ihrem Termin. ***so, somit, dadurch, auf diese Weise, folglich etc.**
3. Es herrschte viel Verkehr auf den Straßen,	**ebendaher*** kam sie zu spät zu ihrem Termin. **ebendarum, ebendeshalb, ebendeswegen etc.**

Durch eine Schönheitsoperation erhoffen sich viele Frauen bessere Chancen.		
1.	dadurch,	dass
2.		so*
		*so, somit, dadurch, auf diese Weise, folglich etc.
3.		ebendaher*
		ebendarum, ebendeshalb, ebendeswegen etc.

Durch einen Unfall wurde der Kaufpreis des Autos vermindert.		
1.	dadurch,	dass
2.		so*
		*so, somit, dadurch, auf diese Weise, folglich etc.
3.		ebendaher*
		ebendarum, ebendeshalb, ebendeswegen etc.

Lektion 20

명사화 → 동사화
Nominalstil → Verbalstil

1 명사화 → 동사화 Nominalstil → Verbalstil

Übung 01 빈칸을 채워보세요.
Formulieren Sie die Sätze im Verbalstil.

Was tun Sie...?		Nomen	Verb
1. ... bei einer Erkältung?	, wenn Sie sich erkälten	die Erkältung	sich erkälten
2. ... bei großer Hitze?	, wenn		
3. ...bei einem Fehler?			
4. ... bei einem plötzlichen Regenschauer			
5. ... beim Absturz Ihres Computers?			
6. ...bei einem Verkehrsunfall?			
7. ... bei Sodbrennen?			
8. ...bei Verstopfung?			
9. ...bei Nasenbluten?			
10. ... bei Verdauungsbeschwerden?			
11. ... bei Verspätung des Zuges?			
12. ... bei einer falschen Abbuchung?			
13. ... bei Überarbeitung?			

우리가 독일을 사랑하는 이유, 부사구를 동사화의 형태로 바꿔 보세요.

Was wir an Deutschland lieben. Formulieren Sie die Sätze im Verbalstil.

Wir lieben Deutschland….		Nomen	Verb
1. … wegen der wortreichen Sprache	, weil die deutsche Sprache sehr wortreich ist.	Die wortreiche Sprache	wortreich sein
2. … wegen der Schwarzwälder Kirschtorte			
3. …wegen der Autos(Mercedes Benz, Audi, Volkswagen)			
4. …wegen der Brotkultur			
5. … wegen der Toleranz für Vegetarier und Veganer			
6. …wegen der Pünktlichkeit			
7. …wegen der vielen Biere.			
8. …wegen der hohen Qualität der Lebensmittel			
9. …wegen der grünen Tradition			
10. … wegen der Weihnachtsmärkte			
11. …wegen seiner vielen Radwege.			
12. …wegen seiner großen Schriftsteller			
13. … wegen der Krankenversicherung			

14. …wegen der neben Müllkörben stehenden Pfandflaschen.			
15. …wegen der Gemütlichkeit			

2 명사화/동사화의 형태

1. Genitiv → a) Akkusativ b) Passiv	Das Anhalten **des Atems**	a) Man hält **den Atem** an. b) Der Atem **wird eingehalten**.
2. von + Dat → Nomen ohne Artikel	Der Unterschied **von Mann und Frau**	**Mann und Frau** unterscheiden sich.
3. durch + Akk(*행위자) → Nominativ	Die Hilfe **durch die Presse**	Die Presse hilft
4. Nomen + Präp. → Verb + Präp	Das Interesse **für seine Arbeit**	Man **interessiert sich für** seine Arbeit
5. Possesivpronomen → Personalpronomen	**Seine** Beschwerde zum Service	**Er** beschwert sich über den Service
6. Adjektiv → Adverb	Die **häufigen** Einbrüche	Es gab **häufig** Einbrüche.
7. Abstrakta → sein + Adj.	**Die Bitterkeit** der Schokolade	Die dunkle Schokolade ist bitter.
8. Nomen → haben + Nomen	**Der Erfolg** des neuen Produkts.	Das Produkt **hat Erfolg**.
9. Präposition → Konnektor	**Wegen** des hohen Preises	**Weil** der Preis hoch war,

Übung 01　문장을 동사화의 형태로 바꿔 보세요.
Formulieren Sie die Sätze.

1　Das unterschiedliche Verhalten von Schimpansen in Kinderkleidung

→ Schimpansen in Kinderkleidung verhalten sich unterschiedlich.

2　Die Betreuung der Kinder durch die Erzieherin

→ _____.

3　Der Bereitschaftswille von Koreanern

→ _____.

4　Das Erlernen einer Fremdsprache

→ _____.

5　Die häufigen Grammatikfehler von Koreanern

→ _____.

6　Die gelungene Konferenz

→ _____.

7　Die Anfragen von der Presse

→ _____.

8　Die unterschiedliche Behandlung von Kindern

→ _____.

9　Die Orientierungshilfe zum Download

　　→ _____.

10　Die Belanglosigkeit des Gesprächs

　　→ _____.

11　Der Verzicht auf Schokolade

　　→ _____.

12　Der Kauf eines Autos

　　→ _____.

13　Sein Flug nach Paris

　　→ _____.

14　Seine Meinung sagen

　　→ _____.

15　Mithilfe des Smartphones

　　→ _____.

16　Wegen der Aufmerksamkeit der Anwohner

　　→ _____.

17　Trotz der direkt danebenwohnenden Nachbarn

　　→ _____.

18 Schutz durch die Polizei

→ _____ .

19 Die Veröffentlichung durch das Internetportal

→ _____ .

Übung 02 지문을 동사화의 형태로 바꾸세요.

Ein neues Handy. Verbalisieren Sie den Text.

Nominalstil	Verbalstil
1. Einschalten des Geräts	a)
2. Auswahl der Sprache und des Landes.	b)
3. Einlegen der SIM-Karte	c)
4. Entsperrung der SIM-Karte durch Eingabe der PIN	d)
5. Herstellung einer W-Lan oder Mobilfunk-Verbindung	e)
6. Übertragung Ihrer alten Daten auf das neue Gerät	f)
7. Aktivierung der Gerätesperre zur Verhinderung eines Fremdzugriffs	g)

참고

부사구와 부사절 용법 Angaben und Ergänzungen im Satz, Wiederholung!

	Nominalform 명사화의 형태	Verbalform 동사화의 형태
1. 2격 → 1격, 4격 참고 P Ⅱ → 동사	a) Die Wahl des neuen Präsidenten b) Der neu gewählte Präsident	Man wählte den neuen Präsidenten.
P Ⅰ → 동사	a) Die Arbeit der Lehrerin b) die arbeitende Lehrerin	Die Lehrerin arbeitet.
합성어 → 동사	a) Der Beginn des Unterrichts b) Der Unterrichtsbeginn	Der Unterricht hat begonnen.
2. 무관사 + 명사 → von + 3격	Die Arbeit von Frauen	(x) Frauen arbeiten . . .
3. Durch + 행위자 → 1격	Die genaue Analyse des Textes durch Professor Schmidt	Professor Schmidt analysiert den Text genau
4. 전치사목적어 → 전치사 지배동사	Das finanzielle Abhängigkeit von den Eltern	Man ist abhängig von den Eltern.
5. 소유대명사 → 대명사	Ihre große Liebe zur koreanischen Küche	Sie liebt die koreanische Küche.
6. 부사구 +형용사 → 부사절 + 부사	Bei der gestrigen Debatte	Als man gestern diskutierte, . . .
9.1 부사구 → 부사절	Für ein höheres Gehalt . . .	Um ein höheres Gehalt zu bekommen,. . .
9.2 부사구 → 부사절	Wegen des Semesteranfangs Wegen des Semesterbeginns Wegen des Beginn des Semesters	Weil/da das Semester anfängt, (. . .)

Teil 2

Training

Modul Lesen

B2

Modul Lesen 읽기

1. 시험 구성

Lesen	문항 수	점수	시간
Teil 1	9	9점	18분
Teil 2	6	6점	12분
Teil 3	6	6점	12분
Teil 4	6	6점	12분
Teil 5	3	3점	6분
gesamt	27문항	30점	60분+5분(답안지 작성)

2. 읽기 파트 내용 및 주제

Lesen	내용	유형	빈출 주제
Teil 1	4개의 Lesetexte 개인적인 생각, 의도	짝 맞추기	의견 이해하기
Teil 2	1개의 Lesetext 기사	빈칸 채우기	기사
Teil 3	1개의 Lesetext 기사	짝 맞추기	기사
Teil 4	8개의 Kurztexte 간략한 의견	단락별 제목 찾기	의견 이해하기
Teil 5	1개의 Lesetext 규칙, 안내서	단락별 제목 찾기	공고, 안내문 이해하기

Forum: Gratis zur Schule

핵심 전략

- 4개의 텍스트로 각각 다른 개인의 주장이 나옵니다.

- 종류: 온라인 커뮤니티 포스팅, 신문, 잡지, 기사, 사설, 지침

기출 토픽

- 시사성 있는 주제에 관한 온라인 커뮤니티 포스팅

문제 풀이 전략

- 짝을 맞추는 (Zuordnung der Aussagen) 형식으로 출제됩니다.

- 지문의 흐름과 답이 나오는 순서가 일치하지 않는다는 점에 유의하세요.

- 시간 배분 연습이 필수입니다.

Teil 1 **vorgeschlagene Arbeitszeit: 18 Minuten**

Sie lesen in einem Forum, wie Menschen über ein kostenloses Verkehrsticket für Schüler denken.

Welche der Aussagen 1 bis 9 trifft auf die Personen a, b, c oder d zu?

Die Personen können mehrmals gewählt werden.

0	Wer findet, dass Schüler sich mehr bewegen sollten?	**a**	b	c	d
1	Wer findet es gut, wenn man Kinder und Jugendliche fördert?	a	b	c	d
2	Wer ist der Ansicht, man sollte vorher prüfen, ob man materielle Hilfe nötig hat.	a	b	c	d
3	Wer glaubt, dass die Verkehrsmittel in Zukunft voller werden.	a	b	c	d
4	Wer ist der Meinung, dass viele Familien in Berlin noch nicht einmal Geld für eine Fahrkarte haben.	a	b	c	d
5	Wer denkt, man sollte nicht allen die Fahrkosten kostenlos zur Verfügung stellen.	a	b	c	d
6	Für wen ist die Diskussion um „Steuergelderverschwendung" ungerechtfertigt?	a	b	c	d
7	Wer würde für arme Familien mit Kindern sein Geld spenden?	a	b	c	d
8	Wer sorgt sich darum, dass Steuern und die Preise für Fahrtickets in Zukunft steigen?	a	b	c	d
9	Für wen ist das kostenlose Ticket eine Hilfestellung bei der Teilnahme am gesellschaftlichen Leben.	a	b	c	d

Gratis zur Schule

a Steven	Natürlich freue ich mich darüber, dass die Berliner Schüler kostenlos mit den öffentlichen Verkehrsmitteln fahren dürfen, Aber wer soll das bezahlen? Hat der Berliner Senat etwa eine geheime Geldquelle gefunden oder zahlt am Ende der arme Steuerzahler wieder dafür? Oder werden dafür die Fahrkarten teurer? Dürfen die Schulkinder auch kostenlos mit der S-Bahn fahren? Ein Fahrrad auch noch kostenlos mitnehmen, was die U-Bahn noch voller macht? Wenn man schon mit dem Fahrrad unterwegs ist, dann kann man auch gleich zur Schule radeln. Ein bisschen Bewegung dürfte den Kindern nicht schaden.

b Gustav	Wer beruflich mit Menschen zu tun hat, deren Kinder finanziell unter dem Limit leben, weiß, wie schwer sie es haben. Ich finde es gut für die Kinder, dass sie ab August frei fahren können. Das Gerede von angeblich verschwendeten Steuergeldern ist unbegründet. Dann sollte man Straßen dicht machen*, Ampeln abschalten, Fußballstadien schließen, da alles Verschwendung ist. Alles, was für Kinder und Jugendliche förderlich ist, ist wichtig und gut.

c Frieda	Ich finde, man sollte das Ticket nicht jedem schenken. Warum sollte es eigentlich immer der Staat sein, der auf Leute zugeht? Wer bedürftig* ist, sollte einen entsprechenden Antrag stellen und die Bedürftigkeit nachweisen. Und dann wäre je nach Anzahl und Schwere der entsprechenden Fälle zu entscheiden, was zu geschehen habe. Ich wäre bereit, die Monatskarte alleine weiter zu zahlen, damit Kinder, die es finanziell nicht so gut haben, die BVG nutzen können. Allerdings zahle ich nicht für diejenigen, die das Geld eigentlich haben.

d Tabea	Wer sich über das BVG Ticket beschwert, sollte sich schämen. Es gibt sehr viele Familien in Berlin, die sich nicht einmal den Weg bis zu einem Ausflugsort leisten können, geschweige denn dort den Eintritt. Das kostenlose Schülerticket ist für sie ein wichtiger Schritt ins Leben. Mobilität bildet und macht stark. Die einkommensschwachen Familien und Kinder sollte man nicht schlecht reden. Wo es konstruktiv zu kritisieren gibt, soll es so sein, aber nicht um jeden Preis wie zu diesem Thema. Ich finde es super, dass mal an die Kinder gedacht wird.

*dicht machen = schließen
*Bedürftige = Arme

읽기 유형 1: 무료 통학

학생들을 위한 대중교통 무료 이용권에 대해 사람들은 어떻게 생각하는지에 관한 공개 토론 내용을 읽게 됩니다. 1번부터 9번까지의 진술 가운데 어떤 것이 a, b, c, d 네 사람에 해당하는지 고르십시오. 한 사람이 여러 진술을 할 수도 있습니다.

0	학생들이 더 많이 활동해야 한다고 보는 사람은 누구입니까?	**a**	b	c	d
1	아이들과 청소년들을 지원하는 것은 좋은 일이라고 보는 사람은 누구입니까?	a	b	c	d
2	물질적인 지원이 반드시 필요한지 여부를 사전에 조사해봐야 한다는 입장은 누구입니까?	a	b	c	d
3	대중교통 수단이 앞으로 더 붐비게 될 것이라고 여기는 사람은 누구입니까?	a	b	c	d
4	수많은 베를린 거주 가정이 여전히 대중교통 이용권을 구입할 여력도 없다고 보는 사람은 누구입니까?	a	b	c	d
5	모두에게 대중교통을 무료로 만들어 줄 수는 없다고 생각하는 사람은 누구입니까?	a	b	c	d
6	세금 낭비로 보는 이 논의 자체가 부당한 일이라고 여기는 사람은 누구입니까?	a	b	c	d
7	아이가 있는 가난한 가족들에게 자신의 돈을 기부할 수도 있는 사람은 누구입니까?	a	b	c	d
8	미래에 세금과 대중교통 이용권 가격이 오를 것을 우려하는 사람은 누구입니까?	a	b	c	d
9	무료 승차권은 공동체적 삶에 동참하는 데 도움을 줄 것이라고 여기는 사람은 누구입니까?	a	b	c	d

Gratis zur Schule

a Steven

베를린 학생들이 대중교통을 이용하여 무료로 통학할 수 있다면, 당연히 저도 기쁘게 생각할 것입니다. 그러나 그 비용은 누가 부담해야 합니까? 베를린 시의회는 혹시 어떤 비밀 재원이라도 찾았습니까 아니면 불쌍한 세납자들이 이걸 다시 냅니까? 아니면 이를 위해 승차권이 더욱 비싸집니까?

학교 다니는 어린이들이 단거리 기차도 무료로 타고 다닐 수 있어야 합니까? 지하철을 더더욱 미어터지게 만드는 자전거 마저도 무료로 가지고 탈 수 있습니까? 자전거를 타고 이동하면, 학교도 금방 갈 수 있습니다. 그 정도의 활동은 아이들에게 해가 되지 않습니다.

b Gustav

재정적으로 일정 이하 수준의 삶을 사는 자녀를 둔 사람들과 함께 일하는 사람은, 그런 사람들이 얼마나 힘든지 알고 있습니다.

아이들이 8월부터 무료로 대중교통을 이용할 수 있다면, 이는 아이들에게 좋은 일이라고 생각합니다.

(이를 두고) 소위 허비되는 세금이라고 폄훼하는 이야기들은 사실무근입니다. 만일 그렇다면 아예 도로도 폐쇄하고, 신호등도 꺼 버리고, 축구 경기장도 폐쇄해야 합니다. 왜냐하면 이 모두가 낭비이니까요. 아이들과 청소년들에게 유익한 모든 것들은 소중하고 좋은 일입니다.

c Frieda

저는 대중교통 티켓을 모든 사람들에게 거저 줄 수는 없다고 생각합니다. 도대체 왜 매번 정부가 사람들에게 다가가야 합니까?

무언가를 필요로 하는 사람이 있다면, 그 사람이 이에 부합하는 안을 제시하고 필요성을 증명해야 합니다.

그러고 나면 이에 해당하는 사례의 수와 심각도에 따라 수행할 작업을 결정할 것입니다.

저는 재정적으로 여건이 좋지 못한 아이들이 베를린의 대중교통을 이용할 수 있도록 하기 위해, 월간 정기권을 계속해서 구매할 의향이 있습니다. 그러나 원래 돈이 있는 사람들을 위해서는 지불하지 않을 것입니다.

d Tabea

베를린 대중교통 이용권을 두고 불평불만을 제기하는 사람들은, 부끄러운 줄 알아야 합니다.

베를린에는 가까운 휴양지 입장권은 고사하고 거기까지 가는 (교통)수단도 감당할 수 없을 만큼 경제적 여유가 없는 가정이 매우 많습니다. 무료 학생 티켓은 이들에게 있어서 삶으로의 매우 중요한 걸음을 내딛는 일입니다.

저소득층 가족과 자녀들을 두고 폄훼해서는 안 됩니다. 건설적인 비판이 있는 곳이라면, 마땅히 그리해야 하지만, 이 주제처럼 무턱대고 그래서는 안 됩니다. 아이들에 대해 생각하게 된 점은 매우 훌륭하다고 생각합니다.

*dicht machen = schließen (문을 닫다)
*Bedürftige = Arme (도움이 필요한)

Zeitungsartikel: Versandhandel mit Medikamenten

⊙ 핵심 전략

- 기사, 잡지 및 보도자료 텍스트가 나옵니다.

- 보도자료는 신문 기사체로 작성한 글입니다.

⊙ 기출 토픽

- Lückentext: 빈칸 채우기

⊙ 문제 풀이 전략

- 각각의 단락을 읽을 때는 중요 단어나 주제가 될 수 있는 부분은 밑줄로 표시하세요.

- 모든 문항을 주의 깊게 읽어 보세요.

Teil 2 vorgeschlagene Arbeitszeit: 12 Minuten

Sie lesen in einer Zeitschrift einen Artikel über den Onlineversandhandel mit Medikamenten. Welche Sätze a bis h passen in die Lücken 10 bis 15? Zwei Sätze passen nicht.

Versandhandel mit Medikamenten

Immer mehr Menschen kaufen online ein. Auch viele Medikamente können sich Patienten nach Hause bestellen. Das ist oft günstiger und bequem. Kritiker sind skeptisch. **[...0...]**
Onlinehandel ist fest in unserem Alltag integriert. Wir bestellen Lebensmittel, Kleidung oder auch Technik online. **[...10...]** Zunächst ist erst einmal zu unterscheiden zwischen rezeptfreien und rezeptpflichtigen Arzneimitteln.

Rezeptpflichtige Arzneimittel brauchen gerade kranke Menschen, die in ihrer Mobilität eingeschränkt sind. Sie profitieren von dem Arzneimittelversandhandel. **[...11...]**
Seit dem Jahr 2004 ist der Versandhandel mit allen Arzneimitteln in Deutschland erlaubt. Nichtsdestotrotz diskutieren Politiker über eine Einschränkung oder sogar ein Verbot des Online Versandhandels.

Medikamente online zu verkaufen, bringt eine neue Dynamik in die ziemlich inflexiblen Apothekenstrukturen, die aktuell in Deutschland vorherrschen. Gerade auf dem Land brauchen Patienten und Patientinnen Versorgungsstrukturen. **[...12...]**
Bei rezeptfreien Medikamenten und Kosmetika sieht es hingegen anders aus. Versandapotheken locken Kunden oft mit niedrigen Preisen an. **[...13...]** Manche Versandapotheken bieten Coupons für jedes Rezept an, obwohl die Krankenkasse dessen Rechnung bezahlt. **[...14...]**

Wie auch immer die Debatte zum Versandhandel mit Medikamenten ausgeht, die Apotheke vor Ort ist immer für einen da. **[...15...]** Die Apotheke ist im Notfall da, wenn das Baby in der Nacht schreit. Und die Apothekerin mischt eine Rezeptur an, wenn der Allergiker nur eine bestimmte Creme benutzen kann. Und sie berät die ältere Dame, die ihre vielen Tabletten kaum noch unterscheiden kann.

Viele Apotheken bieten eine schnellere Versorgung im Akutfall, auch rund um die Uhr. Im Bedarfsfall liefern Apotheken vor Ort Arzneien auch per Bote nach Hause.

Beispiel:

0   Für sie ist der persönliche Kontakt zum Apotheker extrem wichtig.

a   Warum also nicht auch Arzneimittel?

b   Für den günstigen Preis akzeptieren Kunden sie dann dafür ein paar Tage Wartezeit.

c   Damit Menschen in Regionen mit weniger Infrastruktur nicht im Nachteil sind, sollte man die Chancen der Digitalisierung suchen.

d   Die Apotheke vor Ort ist dem Versand überlegen, weil der Kontakt von Mensch zu Mensch wichtig ist.

e   Nichtsdestotrotz liegt der Marktanteil von rezeptpflichtigen Arzneimitteln derzeit bei weniger als 1 Prozent.

f   Versandapotheken erhielten Test für den Service häufig "sehr gut" oder "gut".

g   Hinweise für Apothekenkunden, einen Abstand zum Apotheker einzuhalten, fehlen.

h   Das mag für die rezeptfreien Arzneimittel gehen, ist nach einem Urteil des Europäischen Gerichtshofes in Luxemburg nicht erlaubt, da nur bundeseinheitliche Preise gelten.

읽기 유형 2: 의약품 통신 판매

여러분은 어떤 잡지에서 의약품의 온라인 통신 판매에 관한 기사를 하나 읽게 됩니다. a부터 h까지의 문장들 가운데 어떤 것이 10번부터 15번의 빈칸에 적절한 것인지 고르십시오. 두 개의 문장은 맞지 않습니다.

의약품 통신 판매

점점 더 많은 사람들이 온라인으로 장을 본다. 환자들은 수많은 의약품들도 집으로 주문할 수 있다. 이는 더 저렴하고 편리하다. 이에 대해 비판하는 사람들은 회의적인 입장이다. [...0...]

전자상거래는 우리의 일상 속에 깊게 자리잡았다. 우리는 식료품이나 옷 혹은 기계설비들도 온라인으로 주문한다. [...10...] 우선 처방전이 필요 없는 의약품과 처방전이 필요한 의약품이 구분될 수 있디.

처방전이 필수적인 의약품들은 특히 이동이 제한되는 환자들이 필요로 한다. 이들은 의약품 통신 판매로 이득을 볼 것이다. [...11...]
2004년 이래로 독일에서는 모든 의약품의 통신 판매가 허가되었다.
그럼에도 불구하고 정치인들은 온라인 통신 판매의 규제나 금지까지도 논의하고 있다.

온라인 의약품 판매는 현재 독일 내에서 지배적이며 꽤나 경직되어 있는 약국 조직에 새로운 활력을 가져오게 될 것이다. 당장 지방에서는 환자들이 의약품 조달 기구를 필요로 하고 있다. [...12...]
처방전이 필요하지 않은 의약품과 화장품들의 경우 이와 반대로 다른 양상을 보인다. 통신 판매 약국들이 빈번히 저렴한 가격으로 손님들을 끌어모으고 있다. [...13...] 몇몇 통신 판매 약국들은 의료보험사에서 계산을 해 줌에도 불구하고 각각의 처방전마다 (처방전을 하나씩 가져올 때마다) 쿠폰을 제공하기도 한다. [...14...]

의약품의 통신 판매에 관한 논쟁이 어떤 결론에 다다르든, 동네 약국들은 항상 누군가를 위해 마련되어 있다. [...15...] 갓난아이가 밤중에 비명을 지르는 것과 같은 그런 응급 상황에도 약국이 있다. 그리고 약사는 알레르기가 있는 사람이 어떤 특정한 크림만 사용할 수 있다면, 약품 처방을 섞어서 한다. 그리고 수많은 알약들을 잘 구분하지 못하는 중년 여성분에게는 조언을 해 준다.
많은 약국들이 위급상황 시 더 빠른 지원을 제공할 것이고, 상시 그러할 것이다. 또 필요한 경우 동네 약국은 의약품들을 사람을 시켜 집으로 가져다준다.

Beispiel:

0 그들에게 있어서 약사와 직접적으로 만나는 일은 매우 중요하다.

a 의약품은 왜 안 된다는 것인가?

b 가격이 저렴하다면 고객들은 며칠 간의 기다리는 시간 정도는 수긍할 것이다.

c 사회 기반 시설이 부족한 지방에 거주하는 사람들이 손해를 보지 않도록 하기 위해서, 디지털화의 기회를 모색해야 한다.

d 사람이 직접 마주하는 것이 중요하기 때문에, 동네 약국은 배송 서비스에 대해 심사숙고하는 중이다.

e 그럼에도 불구하고 처방전이 필요한 의약품의 시장 점유율은 현재 1%가 채 되지 않는다.

f 통신 판매 약국들은 서비스 평가에서 자주 [매우 좋음] 혹은 [좋음]을 받았다.

g 약국을 이용하는 고객이 약사와의 일정 거리를 유지하기 위한 지침이 누락되어 있다.

h 이것이 처방전 없이 구입할 수 있는 의약품에는 가능할 수 있을지도 모르겠으나, 룩셈부르크에 위치한 유럽 사법재판소의 판결에 따르면 이는 허용되지 않는다. 주별로 동등한 가격만이 유효하기 때문이다.

필수 어휘		동의어 표현	자료
포기하다	verzichten	nicht das Teuerste anschaffen	bei etw. sparen Geld nicht ausgeben für + Akk kürzertreten
중요하다	wichtig sein	eine große/wichtige Rolle spielen	am wichtigsten sein (für + Akk) sinnvoll finden sich unbedingt wünschen allein zählen entscheidend sein Das einzig Entscheidende sein
상상하다	sich nicht vorstellen können	nichts für jemanden sein	
비싸다	Kosten hoch sein	das meiste Geld ausgeben für	hohe Kosten haben
싸다	bezahlbar sein	günstig sein	preiswert sein nicht teuer
관심있다	sich interessieren für	sich informieren über	
걱정하다	sich Sorgen machen um + Akk	jm. etw. Angst machen	
과대평가 하다	etw. überbewertet werden	keine zu große Rolle spielen	
소비	Kosum	Verbrauch	
불쾌하다	stören	sich nicht vorstellen können	
생각하다	finden	das Gefühl haben, dass der Meinung sein	
의심스럽다, 불확실하다	manchmal nicht mehr genau wisse	zunehmend unsicher werden	
억지로 시키다	Jn. zwingen	nicht freiwillig machen	
귀가 얇다	sich ins Gewissen einreden lassen	einem etwas gleich sein	

Zeitungsartikel: Zero Waste

핵심 전략

– 전문 분야 텍스트, 사설, 서평을 읽고 그에 관한 질문에 답합니다.

기출 토픽

– a, b, c 중에서 알맞은 답을 고르는 방식입니다.

문제 풀이 전략

– 정확한 해석이 요구됩니다.

Teil 3 vorgeschlagene Arbeitszeit: 12 Minuten

Sie lesen in einem Online-Magazin einen Beitrag über Zero Waste.

Wählen Sie bei den Aufgaben 16 bis 21 die richtige Lösung a, b, c.

Zero Waste

Zero Waste ist eine Möglichkeit, seinen "ökologischen Fußabdruck im Alltag zu verringern" und davon zu profitieren. Zero Waste bedeutet nicht nur Müllvermeidung, sondern aus dem Konsumwahn auszubrechen. Wer Verbraucher statt Konsument ist und nur kauft, was er braucht, der verschwendet weniger Zeit mit dem Einkaufen. Man wundert sich, wie viel Zeit man plötzlich für die schönen und wichtigen Dinge im Leben hat. Wer nicht unnötig und blind konsumiert, spart auch Geld.

Wer weniger konsumiert, sammelt auch viel weniger Besitz an. Und Besitz kostet! Wer viele Gegenstände besitzt, braucht Regale, Schränke und sogar ganze Zimmer, um alles unterzubringen. Man zieht in eine größere Wohnung und zahlt höhere Mieten und hat höhere Nebenkosten. Mehr Besitz und Wohnraum kosten nicht nur mehr Geld, sondern auch mehr Zeit und Arbeit. Man muss mehr aufräumen, abstauben und sauber halten, mehr reparieren und instandhalten. Um sich alles leisten zu können, muss man mehr arbeiten.

Wer sich jeden Arbeitsmorgen einen Coffee-to-go für 1,50€ holt, der gibt allein dafür jeden Monat 30€ aus. Das allein geht ja noch, aber da kommt eine Menge dazu. Das reduzierte Oberteil, das man zufällig in der Innenstadt sieht, der Nagellack in der neuen Sommerfarbe, die süßen Deko-Artikel für jeweils nur wenige Euro, die ganzen Flaschen Mineralwasser. All diese kleinen Ausgaben, summieren sich und fallen weg, wenn man Zero Waste lebt. Den Kaffee für unterwegs sollte man sich schon wegen des Einwegbechers nicht kaufen. Vielleicht manchmal, wenn man seinen eigenen Thermobecher mitnimmt.

Die gute Nachricht: Das Wichtigste bekommt man eigentlich in jedem Supermarkt verpackungsfrei, nämlich frische Lebensmittel. Leider ist es in Deutschland immer noch ziemlich schwer, die anderen Sachen ohne Verpackungen zu bekommen. In Städten wie Berlin, Kiel oder Bonn lebt, gibt es bereits viele Einkaufsmärkte, die ihre Waren unverpackt anbieten. Es eröffnen aber glücklicherweise ständig neue Unverpackt-Märkte.

Die Lösung ist es, auf unverpackte plastikfreie Alternativen zurückzugreifen, wie z.B. Gläser, Tupperdosen oder Papierverpackungen. Der Konsum von allem, was wir für unseren Alltag nicht zwangsläufig brauchen z.B. Fertiggerichte und Junk Food, Coffee-to-go fällt wie oben erwähnt einfach weg.

Auch wenn man nicht alles unverpackt bekommt, so merkt man schnell, wie sich der Müll drastisch reduziert. Und wenn man wie wir im vierten Stock ohne Aufzug wohnt, freut man sich darüber, eigentlich kaum noch den Müll runter bringen zu müssen.

Zero Waste muss nicht nur als eine reine Müllvermeidungsstrategie angesehen werden, sondern kann als kompletter Lifestyle verstanden werden. Wenn man sich auf das beschränkt, was man wirklich zum Leben braucht, vereinfacht man automatisch sein Leben.

Die neu gewonnene Zeit und das gesparte Geld können stattdessen für Erlebnisse ausgegeben werden. Oder man investiert das Geld in hochwertigere und fair gehandelte Lebensmittel.

Teil 3

Beispiel:

0 Zero waste …

    a⃝ lehrt, wie man Müll trennt.

    ☒ steht für intelligenteren Konsum und weniger Müll.

    c ist eine Rockband.

16 Wer unnötigen Besitz reduziert, …

    a kann viel Geld auf dem Flohmarkt machen.

    b hat Platz für neue Sachen.

    c hat weniger materiellen Besitz und weniger benötigten Stauraum.

17 Mit dem Zero Waste Lifestyle lernt man, …

    a beim Einkaufen Zeit zu sparen.

    b wie man im Supermarkt Obst auswählt.

    c auf Spontan- und Impulskäufe zu verzichten.

18 Die Zahl der Unverpackt-Läden …

    a wächst stetig.

    b schwappt wie eine Welle über Deutschland.

    c geht zurück.

19 Wenn es keinen verpackungsfreien Markt in der Nähe gibt, …

a sollte man eine umweltfreundlichere Lösung suchen.

b kann man eine Ausnahme machen.

c muss man umziehen.

20 Was bringt der Zero Waste Lifestyle mit sich?

a Eine größere Anschaffung.

b Eine Verbesserung seiner Lebensqualität.

c Mehr Geld.

21 Zero Waste lohnt sich wegen …

a der vielen Aufmerksamkeit.

b der hohen Bezahlung.

c der Ersparnis.

읽기 유형 3: Zero Waste 운동

온라인 잡지 상의 Zero Waste운동에 관한 한 기고문을 읽게 됩니다.
16번부터 21번까지의 문제에 대해, a, b, c 가운데 올바른 것을 고르십시오.

Zero Waste 운동은 일상에서 환경에 대한 영향을 줄일 수 있고 그로부터 이익을 취할 수 있는 하나의 기회이다. Zero Waste 운동은 단순히 쓰레기를 줄이는 것뿐만 아니라 광적인 소비 성향으로부터 탈피하는 것을 의미한다. 단순 소비자가 아닌 소비자는 필요한 것만 구입하며, 쇼핑에 더 적은 시간을 허비한다. 인생에 아름답고 중요한 것들을 위한 시간들이 얼마나 많은지 알게 되면 깜짝 놀랄 것이다. 불필요하고 맹목적인 소비를 하지 않는 사람은 돈도 절약하게 된다.

소비를 더 적게 하는 사람은 잡다한 것들도 훨씬 적게 모아 둔다. 그리고 무언가를 소유하는 것은 그만큼 비용이 들기 마련이다! 수많은 물건을 소유한 사람은, 이 모든 것들을 보관하기 위한 선반, 장롱 그리고 심지어는 방 전체가 필요하다. 사람들은 더 큰 집으로 이사 가고 당연히 더 비싼 월세와 관리비를 부담한다. 더 많은 소유물과 주거공간은 돈이 더 드는 것뿐만 아니라, 시간과 노동 또한 더 많이 필요로 한다. 더 많이 청소하고 먼지를 제거하고 깨끗하게 유지해야 하며, 더 많이 고치고 정리정돈 해야 한다. 이 모든 것들을 감당하기 위해 사람들은 더 많이 일을 해야 한다.

매일 출근길 아침 1유로 50센트에 테이크아웃 커피 한 잔을 사 들고 가는 사람은, 순전히 이것 하나를 위해 매달 30유로를 지출한다. 이것만 가지고는 감당할 수 있겠지만, 여기에 더 많은 것들이 따라온다. 우연히 시내에서 본 할인 중인 상의, 신상 여름 컬러 매니큐어, 각각 몇 유로밖에 하지 않는 귀여운 장식품, 1.5리터 물 한 병... 이런 모든 소규모 지출들이 불어나게 되는데, Zero Waste의 삶을 살면 (이런 것들이) 떨어져 나가게 된다. 사람들은 일회용 컵 때문에라도 테이크 아웃 커피를 사지 않는 게 좋을 것이다. 자신의 텀블러를 가져온다면 아마 몇 번은 살 것이다.

반가운 소식: 가장 중요한 것은 바로 신선식품들을 사람들이 실제 모든 마트에서 포장재 없이 받는다는 것이다. 아쉽게도 독일에서 식료품이 아닌 다른 물건들을 포장재 없이 받는 것은 여전히 꽤 어려운 일이다. 베를린이나 킬, 본과 같은 도시에서는 이미 상품을 포장하지 않은 채로 제공하는 상점들이 많이 있다. 그러나 다행스럽게도 비포장 상태로 물건을 파는 마트들이 계속적으로 새로 생겨나고 있다.

해답은 포장되어 있지 않고 플라스틱이 함유되어 있지 않은 유리나 밀폐용기 혹은 종이 포장지와 같은 대체품에 의존하는 것이다. 인스턴트 식품이나 패스트푸드, 테이크아웃 커피와 같이 우리의 일상 생활을 위해 꼭 필요하지 않은 이런 모든 것들의 소비가 줄어들고 위에서 언급한 것처럼 그야말로 없어지게 되는 것이다.

모든 것들을 전부 포장재가 없는 상태로 받을 수는 없더라도, 쓰레기가 얼마나 눈에 띄게 줄어드는지는 알아차릴 수 있다. 그리고 우리처럼 엘리베이터가 없는 5층 건물에 사는 사람들은, 어지간해서는 쓰레기를 들고 내려가지 않아도 된다는 점에서도 기뻐한다.

Zero Waste 운동은 단순히 어떤 쓰레기 절감 대책이 아닌 하나의 온전한 생활 양식으로 이해될 수 있다. 왜냐하면 사람들이 생활에 정말 필요한 것들로만 제한하면, 자신의 삶을 자동적으로 단순화하게 되기 때문이다.

새로이 절약해서 얻는 시간과 아낀 돈은 그 대신 경험을 쌓는 데 쓰일 수 있다. 혹은 돈을 고품질 공정무역 식재료에 투자한다.

Beispiel:

0 Zero Waste 운동은…

[a] 쓰레기 분리수거 하는 법을 가르쳐 준다.

[X] 더 현명한 소비와 적은 쓰레기를 목적으로 한다.

[c] 락밴드이다.

16 불필요한 소유물을 줄이는 사람은…

[a] 벼룩시장에서 큰 돈을 벌 수 있다.

[b] 새로운 물건들로 채울 공간이 생긴다.

[c] 물질적인 소유물을 적게 가지므로 필수적인 적재공간도 적게 가진다.

17 Zero Waste 생활 양식을 통해 배울 수 있는 것은

[a] 장 볼 때 시간을 절약하는 것.

[b] 마트에서 과일을 잘 고르는 법.

[c] 즉흥적이고 충동적인 구매를 단념하는 것.

18 비포장제품을 판매하는 가게의 수는

[a] 계속해서 증가하고 있다.

[b] 파도처럼 독일 전역에 넘쳐나고 있다.

[c] 줄어들고 있다.

19 인근에 포장재를 취급하지 않는 마트가 없다면

[a] 친환경적인 해결책을 찾아야 한다.

[b] 예외를 적용할 수 있다.

[c] 이사를 가야 한다.

20 Zero Waste 운동은 어떤 결과를 가져오게 되는가

[a] 더 큰 수준의 제품 구매.

[b] 삶의 질의 개선.

[c] 더 많은 돈.

21 Zero Waste 운동이 유익한 이유는

[a] 많은 관심 때문에.

[b] 보수가 크기 때문에.

[c] 절약 때문에.

Kommentare/Meinungsäußerungen:
Schönheitsoperationen- Fluch oder Segen

◉ **핵심 전략**

– 각 독자들의 의견을 읽고 핵심 어구를 확인합니다.

– 단락별 제목을 찾습니다.

◉ **기출 토픽**

– 신문, 잡지 등

◉ **문제 풀이 전략**

– 독자들의 의견을 읽고 중요한 어구에 밑줄로 표시합니다.

– 본문에 있는 어휘나 표현의 동의어, 또는 비슷한 표현을 찾습니다.

– 전반적인 흐름을 요약하는 연습이 필요합니다.

Teil 4 vorgeschlagene Arbeitszeit: 12 Minuten

Sie lesen in einer Zeitschrift verschiedene Meinungsäußerungen zu Schönheitsoperationen. Welche Überschriften 22 bis 27 passen inhaltlich zu den Äußerungen a bis h? Eine Äußerung passt nicht.

Beispiel

0	Wer schön sein will, muss leiden.	b

22	Hilfe bei psychischen Problemen und Unfällen.	

| 23 | Schönheitsoperationen von Minderjährigen. | |

| 24 | Schönheits-OPs nur für Reiche? | |

| 25 | Fragwürdige Billig-Schönheits-OPs. | |

| 26 | Veränderte soziale Wahrnehmung nach ästhetischer Operation. | |

| 27 | Schönheitsoperation? Natürlichkeit im Fokus. | |

Teil 4

Schönheitsoperationen- Fluch oder Segen

a Schönheitsoperationen werden nicht von der Krankenkasse bezahlt und bergen einen hohen Kostenaufwand. Dadurch stellen sie ein großes Verschuldungsrisiko dar. Nur Reiche und Prominente können sich eine Operation leisten und Ärmere haben oft keine Möglichkeit

Yvonne, Berlin

b Wenn eine Schönheitsoperation schiefläuft, was dann?
Neben den gesundheitlichen Folgen sind es die emotionalen Folgen, die zu einem noch größerem ernsthaftem Problem führen können.
Bei falscher Durchführung können Schönheitsoperationen schwere Schäden bis hin zum Tod führen.

Tanja, Dettmold

c Die Nebenwirkungen und möglichen Komplikationen sind nicht zu unterschätzen. Mit mehrwöchigen Schwellungen und Blutergüssen müssen alle Patienten rechnen. Ein bis zwei Wochen ist ein Verband im Gesicht erforderlich. Durch solch eine schwere Operation passt man sich nur den Wertvorstellungen der Gesellschaft an, anstatt zu bleiben, wie man ist.

Marlene, Düsseldorf

d Die Auswahl ist riesig, und die Begriffe "Schönheitschirurg" oder "Kosmetischer Chirurg" sind in Deutschland nicht geschützt. Jeder Arzt könnte also zum Skalpell greifen – egal, ob Kieferchirurg, Gynäkologe oder Augenarzt. Zudem drängen immer mehr Billiganbieter, deren Operateure nicht ausreichend geschult wurden, mit Dumpingpreisen auf den Markt. Das Risiko, dass hier etwas schiefgehen könnte, ist also wesentlich höher.

Ella, Schwarzwald

e Über das Verbot von Schönheitsoperationen für Minderjährige wird immer wieder diskutiert. Und die Politik hat das Thema nun erneut aufgegriffen. So sollen Eltern nicht mehr darüber bestimmen dürfen, wenn ein Kind sich eine OP wünscht bzw. die Eltern dem Kind eine OP „schenken" wollen. Eine Schönheitsoperation soll erst ab der Volljährigkeit möglich sein, damit auch Konsequenzen und mögliche Nebenwirkungen und Gefahren von den Patienten selbst richtig verstanden werden können.

Dean, Konstanz

f Machen Schönheitsoperationen wirklich glücklich? Ein seelisch stark belasteter oder negativ denkender Mensch wird durch ein Facelifting nicht glücklich. Aber: es gibt viele Menschen, die genetisch bedingt körperlich stark benachteiligt sind. Das fängt mit abstehenden Ohren an und hört mit krankhafter Fettleibigkeit auf. Diese Menschen erreichen schlagartig eine bessere Lebensqualität, wenn ihnen mit Hilfe eines schönheitschirurgischen Eingriffes geholfen werden kann.

Lisa, Bochum

g Ziel einer ästhetischen Behandlung ist nicht, aus einem 60-Jährigen einen 40-Jährigen zu machen. Sondern einen 60-Jährigen, der unzufrieden mit seinem Äußeren ist, wieder zu einem attraktiven Menschen zu machen, der sein Alter nicht versteckt, aber das Beste daraus macht. Es ist wichtig, jede Behandlung so durchzuführen, dass das Ergebnis nicht als unnatürlich empfunden wird.

Nika, Bayreuth

h Letztlich können Schönheitsoperationen auch Unfallopfern helfen, wieder so auszusehen wie vor dem Unfall. Sie können dabei helfen tiefgreifende psychische Probleme zu lindern.
Eine solche Operation kann dabei der erste Schritt zurück in ein geregeltes Leben sein.

Mia Sophie, Stralsund

읽기 유형 4: 성형수술 - 저주인가 축복인가?

한 잡지 상의 성형수술에 관한 다양한 발언들을 읽게 됩니다.
22번부터 27번까지의 소제목 가운데 어떤 것이, a부터 h까지의 발언들과
내용상 부합하는지 고르세요. 한 개의 발언에는 해당되는 것이 없습니다.

Beispiel

| 0 | 예뻐지고 싶은 사람이라면, 견뎌내야 한다. | b |

22	정신적 문제와 사고 발생 시 도움
23	미성년자의 성형수술
24	오직 부자들을 위한 성형수술
25	수상쩍은 저가 성형수술
26	미용 수술 이후 달라진 사회적 인식
27	자연스러움에 초점을 둔 성형수술

성형수술 – 저주인가 축복인가?

a 성형수술은 보험사로부터 수술비가 지원되지 않으며, 큰 비용이 포함되어 있습니다. 이로 인하여 성형수술은 큰 채무를 떠안을 위험이 있음을 보여줍니다. 오직 부자들과 유명인사들만 이 미용술을 부담해 낼 수 있고, 수많은 가난한 사람들에게는 기회가 없습니다.

Yvonne, Berlin

b 성형수술에 실패하면, 그 다음은 어떻게 되는 것입니까?
건강상의 여파 외에도, 그보다 더 큰 심각한 문제를 야기할 수 있는 정서적인 여파도 있습니다.
시술이 잘못될 경우 성형수술은 심각한 부상에서 죽음에까지 이를 수 있습니다.

Tanja, Dettmold

c 부작용과 발생할 수 있는 합병증이 과소평가 되어서는 안 됩니다. 모든 환자들은 수 주간 지속되는 붓기와 피멍을 고려해야 합니다.
1주일에서 2주일까지 얼굴에 붕대를 할 필요가 있습니다. 이런 류의 큰 수술을 통해서 사람이 있는 그대로의 자기자신을 지키지 못하고 오로지 사회의 가치평가에만 맞춰가게 되는 것입니다.

Marlene, Düsseldorf

d 선택권은 무궁무진합니다. 그리고 "성형외과 전문의" 혹은 "미용 시술 전문의" 라는 개념은 독일에서 법적으로 보장되지 않습니다. 따라서 턱관절 전문의나 산부인과 의사 혹은 안과 의사라도 이에 상관없이 다들 직접 수술을 집도할 수 있습니다. 또한 수술을 집도하는 사람이 충분한 교육을 받지 못한 채로 싼 값에 수술 제공 업체들이 점점 더 많이 저렴한 수술 가격을 들고 나오고 있습니다.

Ella, Schwarzwald

e 미성년자를 대상으로 한 성형수술 금지 여부를 두고 계속해서 논의가 이루어지고 있습니다. 정부는 이 주제를 최근에 다시금 끄집어 냈습니다. 그래서 자녀가 성형수술을 희망해도, 부모는 더 이상 이에 대해 결정할 권한이 없습니다. 성형수술은 일단 성년이 된 이후부터 가능하고, 여기에 수술 결과와 발생할 수 있는 부작용과 위험성에 대해 환자 스스로 분명하게 이해할 수 있어야 합니다.

Dean, Konstanz

f 성형수술이 정말 행복하게 만들어 줄까요?
정신적으로 강한 고통을 받고 있거나 부정적으로 생각하는 사람이 페이스 리프팅 시술을 통해서 행복해지지는 않습니다. 하지만, 유전적인 문제로 인해 신체적으로 큰 불이익을 겪고 있는 사람들은 많이 있습니다. 돌출형 귀부터 시작해서 병적인 비만증에 이르기까지 말입니다. 이런 사람들은 성형수술 전문의의 수술에 힘입어 도움을 받을 수 있다면, 급격하게 더 나은 삶의 질에 이를 수 있습니다.

Lisa, Bochum

g 미용 시술의 목적은, 60대의 사람을 40대로 만들어 주는 것이 아닙니다. 자신의 외모에 만족하지 못하는 60대의 사람을, 나이는 숨길 수 없지만 그 나이 대에서 가장 훌륭하게끔 다시금 매력적인 사람으로 만들어 주는 것입니다. 그 결과가 부자연스럽게 여겨지지 않도록 각각의 시술을 진행하는 것이 중요합니다.

Nika, Bayreuth

h 성형수술은 사고 희생자들을 다시금 사고 이전의 모습처럼 보이게 도와주기도 합니다.
그리고 성형수술은 근본적인 정신적 문제를 완화시키는 데 도움을 줄 수도 있습니다. 이러한 수술은 일상생활로 돌아가는 첫 걸음이 될 수 있습니다.

Mia Sophie, Stralsund

Anweisung/Vorschrift: Hausordnung der Ferienwohnung

핵심 전략

- 규칙 사항들을 읽고 해당되는 제목을 선택합니다.

기출 토픽

- 시설 이용 규칙문, 안내문, 주의문 등

문제 풀이 전략

- 규칙 사항들을 읽어 봅니다.

- 정보를 수집하기 위해 내용을 잘 파악해야 합니다.

- 문제를 먼저 읽고 키워드를 정한 후 해당 키워드나 그 동의어를 본문에서 찾아야 합니다.

Teil 5 **vorgeschlagene Arbeitszeit: 6 Minuten**

Sie möchten in einer Ferienwohnung übernachten und lesen die Hausordnung. Welche der Überschriften a bis h aus dem Inhaltsverzeichnis passen zu den Paragrafen 28 bis 30? Vier Überschriften werden nicht gebraucht.

Beispiel: 0 Lösungen A

Hausordnung der Ferienwohnung

Inhaltsverzeichnis

a   Allgemein
b   Küche
c   Beschädigung
d   Lüften
e   Sorgfaltspflicht
f   Entsorgung
g   Reinigung
h   Ruhezeiten

§ 0

Sollten Sie irgendetwas in der Einrichtung vermissen oder wenn Sie Hilfe brauchen, wenden Sie sich vertrauensvoll an uns. Sämtliche Dinge, die sich in der Ferienwohnung/ im Ferienhaus oder auf dem Balkon bzw. der Terrasse befinden, oder dazugehören, dürfen und sollen von den Gästen benutzt werden.

§ 28

Niemand beschädigt absichtlich Sachen, es kann jedoch jedem passieren, dass einmal etwas kaputt geht.

Wir würden uns freuen, wenn Sie den entstandenen Schaden mitteilen und wir diesen, nicht erst nach Ihrer Abreise bei der Endreinigung feststellen. Der Mieter haftet für Beschädigungen, in Höhe der Wiederbeschaffungskosten.

§ 29

Der Abfall wird nach Restmüll, Glas, Papier und Verpackungen mit dem grünen Punkt getrennt. Entsprechende Behältnisse stehen auf dem Grundstück zur Verfügung. Mülleimer und Kosmetikeimer im Bad bitte nur mit Mülltüten benutzen. Die Mülltüten verschlossen in der Restmülltonne entsorgen. In die Küchenspüle, die Toiletten, die Waschbecken und Dusche dürfen keine Abfälle, Essensreste, schädliche Flüssigkeiten oder Ähnliches geworfen bzw. geschüttet werden! Vermeiden sie alles, was zu Verstopfungen der Leitungen führen kann (keine Hygieneartikel in die Toilette)

§ 30

Im Sinne einer guten Nachbarschaft bitten wir Sie, die öffentlichen Ruhezeiten wie Mittag-, Nacht- und Sonntagsruhe einzuhalten. Auch in der Ferienwohnung selbst sollte aus Rücksicht zwischen 22:00 und 7:00 Uhr Ruhe gehalten werden.

읽기 유형 5: 펜션 투숙객 이용 수칙

여러분은 펜션에서 묵으려고 하고 있습니다. 주의사항을 읽어 보십시오.
a부터 h까지의 목차 가운데 어떤 것이, 각각 28번부터 30번 단락에 해당합니까?
4개의 소제목은 해당되는 단락이 없을 것입니다.

펜션 투숙객 이용 수칙

목차

a   제반사항
b   부엌
c   기물파손
d   환기
e   주의해야 할 의무
f   쓰레기 처리
g   청소
h   정숙 시간

§ 0
부대시설에 무언가 필요한 것이 있으시거나 도움이 필요하신 경우, 언제든지 믿고 저희에게 연락 주십시오. 고객 여러분들께서는 펜션별장 안, 혹은 발코니나 테라스에 비치되어 있거나 혹은 여기에 포함된 물건들을 사용하셔도 되고, 사용하기 위해 마련했습니다.

§ 28
고의적으로 물건을 파손시키는 사람은 없겠지만, 무언가가 고장 나는 일은 누구에게나 일어날 수 있습니다. 여러분께서 파손이 발생한 것을 저희에게 알려 주시어, 저희가 여러분들이 퇴소하신 후, 마무리 청소를 하는 과정에서 이를 인지하게끔 하지 않도록 해 주시면 감사하겠습니다. 임차인(여기서는 투숙객을 의미)은 훼손된 것에 대해 원상복구 비용을 부담해야 합니다.

§ 29
쓰레기는 일반쓰레기와 유리, 종이, 그린 도트 표기가 된 포장재인지 여부에 따라 분리 수거해야 합니다. 각각에 해당하는 컨테이너는 공터에 마련되어 있습니다. 쓰레기통과 욕실의 휴지통은 꼭 쓰레기 봉투를 씌워서 사용해 주시고, 묶은 일반쓰레기를 수거함에 버려 주십시오. 부엌 싱크대와 화장실, 세면대와 샤워부스에는 쓰레기나, 음식물 찌꺼기, 유해한 액체류나 이와 유사한 것을 투척하거나 쏟아 부어서는 안 됩니다! 수도관을 막히게 할 수 있는 모든 것들을 지양해 주시기 바랍니다. (위생용품을 변기에 넣지 마십시오)

§ 30
다른 투숙객과의 원만한 관계를 유지하기 위하여, 점심, 저녁 그리고 일요일의 정숙 시간과 같은 공식적인 정숙 시간을 준수해 주시기 바랍니다. 이는 펜션에서도 배려 차원에서 밤 10시부터 아침 7시 사이에는 지켜져야 합니다.

듣기

Modul Hören

B2

Modul Hören 듣기

1. 시험 구성

Hören	문항 수	점수	시간
Teil 1	10	10점	
Teil 2	6	6점	
Teil 3	6	6점	35분+5분(답안지 작성)
Teil 4	8	8점	
gesamt	30문항	30점	

2. 듣기 파트 내용 및 주제

Hören	내용	유형	빈출 주제	문제 읽는 시간
Teil 1	일상	독백	일상, 공고, 광고	15초
Teil 2	학술	대화	라디오, 인터뷰	90초
Teil 3	일상	대화	일상 대화, 토론	60초
Teil 4	학술	독백	강의, 연설	90초

Kurztext mit fragenden Elementen

◉ 핵심 전략

　– 수신자에게 남긴 메시지, 신청 독백문입니다.

　– 새로운 변경 사항 등에 대한 안내, 정보가 나옵니다.

◉ 기출 토픽

　– 인터뷰나 강연, 대화, 일상 생활 속 표현들이나 방송에서 발췌한 의견

◉ 문제 풀이 전략

　– 음원이 나오기 전에 미리 문제를 분석해서 키워드를 찾습니다.

　– 들어야 하는 부분만 골라서 듣는 연습이 필요합니다.

　– 모든 내용을 다 적을 필요는 없습니다.

Sie hören fünf Gespräche und Äußerungen.

Sie hören jeden Text **einmal**. Wählen Sie bei jeder Aufgabe die richtige Lösung.

Lesen Sie jetzt das Beispiel. Dazu haben Sie 15 Sekunden Zeit.

Beispiel

01 Der Mann fragt nach Kulturveranstaltungen für das kommende Wochenende.

~~Richtig~~   Falsch

02 Für die Veranstaltungen, die etwas kosten, muss man sich…

a   vor Ort anmelden
b   100,- Euro leihen
☒   im Bürgeramt anmelden.

1   Eine Frau spricht darüber, wie sie Deutsch gelernt hat.

Richtig   Falsch

2   Was ist das Wichtigste beim Deutschlernen?

a   Landsleute möglichst meiden.
b   Das Testformat kennen.
c   Das Kennenlernen der Kultur

3   Die Journalistin berichtet über die Heiratsmoral in Deutschland.

Richtig   Falsch

4   Wie sehen manche im Land die Heirat?

a   Die Heirat ist aus der Mode.
b   Heirat bedeutet für manche viel Bürokratie.
c   Durch die Heirat wird man zu einer richtigen Familie.

5 Die Frau verkauft neben ihrem Beruf als Schauspielerin Briefpapier.

⬚ Richtig ⬚ Falsch

6 Wie ist sie darauf gekommen?

a ⬚ Sie hatte kein Geld für Ihr Studium.

b ⬚ Sie hat nach neuen Herausforderungen gesucht.

c ⬚ Sie hat nie Postkarten gefunden, die ihr gefallen.

7 Der Moderator berichtet über die Schließung von Sharing- Fahrzeug Stationen.

⬚ Richtig ⬚ Falsch

8 Was sind Sharing Stationen?

a ⬚ Standorte, wo man Leute kennenlernt.

b ⬚ Standorte, an denen Autos, Fahrräder und Roller bereitstehen.

c ⬚ Standorte, wo man sein Auto abstellen kann.

9 Zwei Freunde unterhalten sich über ihr Leben in Deutschland.

⬚ Richtig ⬚ Falsch

10 Die beiden lieben Deutschland wegen…

a ⬚ wegen der vielen Biere.

b ⬚ wegen seiner Technologie

c ⬚ wegen der vielen Bioläden.

Beispiel

M	Guten Tag. Ich würde gerne wissen, welche Angebote zu Kulturveranstaltungen für Kinder am kommenden Wochenende stattfinden.
F	Kommende Woche beginnt ein Kinderkarneval mit buntem Kostümumzug auf dem Mariannenplatz. Das Programm finden sie im Internet.
M	Ah das hört sich interessant an. Ist die Veranstaltung kostenpflichtig und bedarf sie einer Anmeldung?
F	Wenn Sie auf einem der Wagen mitfahren wollen, ist eine Anmeldung notwendig. Wollen Sie nur die Parade sehen, brauchen Sie nichts zu bezahlen.
M	Ich würde gerne mit meinem Kind auf einem der Karnevalszüge mitfahren, wo muss ich mich denn dafür anmelden?
F	Die Anmeldung erfolgt im Bürgeramt. Für eine erfolgreiche Anmeldung benötigt man dort nur Ihren Ausweis.

Aufgabe 1 und 2

M	Wie hast du so gut Deutsch gelernt?
F	Ich habe mich viel mit der deutschen Kultur beschäftigt. Als ich die Grammatik gelernt habe, habe ich immer darauf geachtet, eigene Sätze zu bilden und mich jeden Tag mit der deutschen Sprache beschäftigt. Durch den Kontakt mit Deutschen habe ich die Mentalität der Deutschen kennengelernt. Außerdem sollte man keine Angst vor der Grammatik haben. Kleine Fehler sind normal und werden von vielen toleriert.

Aufgabe 3 und 4

M	Unser nächstes Thema in unserer Sendung ist die Ehe in Deutschland. Jedes dritte Ehepaar in Deutschland lässt sich scheiden. Aber vom Heiraten hält das nicht ab. Jedes Jahr geben sich fast 407. 500 Paare das Jawort. Viel mehr als vor fünf Jahren.
F	Ja, richtig. In einer Umfrage des Portals Statista zu den wichtigsten Heiratsmotiven antworteten 46 Prozent, dass durch die Heirat die Verbindung zum Partner stärker wird. Auch wenn Heirat finanziell viele Vorteile bringt, ist der Weg dorthin sehr kompliziert. Um sich beim Standesamt anzumelden, braucht man viele Dokumente. Noch komplizierter wird es, wenn man einen ausländischen Partner hat. Paare mit zwei verschiedenen Pässen müssen oft Monate auf Dokumente warten.

Aufgabe 5 und 6

M	Neben Ihrem Beruf als Schauspielerin verkaufen Sie nun auch Postkarten?
F	Mein Partner und ich haben einen Verlag für Kunst-Postkarten gegründet. Weil wir große Postkarten-Fans sind und gerne Postkarten schreiben, aber nie welche finden, die wir mögen, wollten wir die Postkarte "neu erfinden". Die Postkarten haben stylische Motive und man kann sie auch zu Hause hinstellen. Warum nicht auch ab und zu mal mit einer Handschrift jemandem was schicken, statt immer nur einen Text per Smartphone, der in Nullkommanix da ist.

Aufgabe 7 und 8

M	Die Zukunft der Mobilität beginnt jetzt. Gemeinsam mit unserem Partner haben wir Sharing Stationen eröffnet. Jetzt wird man sich vielleicht fragen, was das ist! Damit sind Standorte gemeint, an denen eine große Auswahl verschiedener Sharing-Fahrzeuge- vom Auto über Fahrräder, Roter und auch Kick Scooter bereitstehen. Denn heute nutzen viele als Ergänzung zu Bus und Bahn auch geteilte Fahrzeuge. Mit diesen Sharing Stationen ist in Zukunft auch eine digitale Verknüpfung der Angebote geplant, damit man bald flexibel auf die Mobilitätsangebote bequem zurückgreifen kann.

Aufgabe 9 und 10

M	Ich finde das Leben in Deutschland Klasse.
F	Ja, sehe ich genauso.
M	Besonders gefällt mir, dass es vom Kölsch bis Weißbier alles gibt. Die Möglichkeiten sind so groß, dass wohl keiner alle kennt.
F	Ich habe gehört, es soll über 5000 bis 6000 Biersorten geben.
M	Ist nicht dein Ernst?

여러분은 5가지의 대화와 의견들을 듣게 됩니다. 각각의 텍스트는 한 번씩 듣게 됩니다.
각각의 문제에 대해 정답으로 적절한 것을 고르십시오.
이제 예제를 읽으십시오. 15초의 시간이 주어집니다.

Beispiel

01 한 남성이 다가오는 주말에 열리는 문화 행사들에
대해서 묻습니다.

~~Richtig~~   Falsch

02 다소 돈이 드는 이 행사들에 참여하기 위해 …

- [a] 현장 등록을 해야 합니다.
- [b] 100유로를 빌려야 합니다.
- [x] 시청에서 등록 절차를 밟아야 합니다.

1 한 여성이, 그녀가 독일어를 어떻게 공부했는지에
대해서 이야기합니다.

Richtig   Falsch

2 독일어를 배우는 데 있어서 가장 중요한 것이
무엇입니까?

- [a] 동포들을 가능한 한 멀리하는 것
- [b] 시험 유형을 파악하는 것
- [c] 문화를 배우는 것

3 기자가 독일의 결혼 규범에 대해서 보도합니다.

Richtig   Falsch

4 결혼에 대해 독일의 몇몇 사람들은 어떻게 생각하고
있습니까?

- [a] 결혼이란 트렌드에 뒤처진 일이다.
- [b] 몇몇 사람들에게 결혼이란
관료주의적인 일을 의미한다.
- [c] 결혼을 통해 진정한 가족 구성원이 된다.

5 여성분이 자신의 직업인 배우 일과는 별개로 편지지를 판매하고 있습니다.

Richtig   Falsch

6 그녀는 어떻게 이 일을 하게 되었습니까?

a 그녀는 대학교에 다닐 돈이 없었다.

b 그녀는 새로운 도전 거리를 찾아다녔다.

c 그녀는 한 번도 자기 마음에 드는 엽서를 발견하지 못했다.

7 앵커가 승차 공유 서비스 정거장 폐쇄에 대해 보도합니다.

Richtig   Falsch

8 승차 공유 서비스 정거장이란 무엇입니까?

a 사람들을 사귈 수 있는 거점

b 자동차와 자전거 그리고 전동 킥보드기 준비되어 있는 거점

c 자동차를 잠시 정차시켜 둘 수 있는 거점

9 두 명의 친구가 독일에서의 삶에 대해서 이야기를 주고받습니다.

Richtig   Falsch

10 두 사람은 독일을 아주 좋아합니다. 왜냐하면…

a 맥주가 많기 때문에

b 독일의 기술력 때문에

c 유기농 식품점이 많기 때문에

Beispiel

남성	안녕하세요. 오는 주말에 아이들을 대상으로 한 어떤 문화행사가 열리는지 알고 싶습니다.
여성	오는 주말에는 마리아넨 광장에서 형형색색의 복장을 한 퍼레이드 행렬이 있는 어린이 카니발이 시작됩니다. 공연 내용은 인터넷에서 찾으실 수 있습니다.
남성	그거 재미있을 것 같네요. 그 행사는 유료인가요? 그리고 등록을 해야 하나요?
여성	카니발 행렬 차량에 탑승하고자 하신다면, 반드시 등록을 해야 합니다. 퍼레이드 행렬을 관람하기만 하시려는 경우, 별도로 요금을 내실 것은 없습니다.
남성	제 아이와 카니발 행렬 차량에 타고 가고 싶습니다. 이건 어디에서 등록해야 하나요?
여성	등록 절차는 시청에서 합니다. 신분증만 있으시면 온전한 등록 절차를 거치실 수 있습니다.

Aufgabe 1 und 2

남성	너는 독일어를 어떻게 그렇게 잘 배웠니?
여성	나는 독일의 문화에 대해서 많이 연구했거든. 내가 문법을 공부할 당시에는, 늘 나만의 문장을 만들어서 쓰려고 애썼고, 매일매일 독일어를 공부했어. 독일 사람들과의 만남을 통해서 독일 사람들의 성향도 파악했어. 뿐만 아니라 독일어 문법에 두려움을 가지지 않아야 해. 소소한 오류들은 흔한 것이고, 많은 사람들이 이를 용인해 주거든.

Aufgabe 3 und 4

남성	저희 방송의 다음 주제는 독일의 부부입니다. 독일에서는 세 부부 가운데 하나 꼴로 갈라서고 있습니다. 그러나 이것이 결혼을 가로막는 요소는 아닙니다. 매년 거의 40만 7500 커플이 결혼에 동의하고 있습니다. 5년 전 대비 훨씬 많습니다.
여성	네, 맞습니다. 포털 사이트 Statista에서 실시한, 가장 중요한 결혼 동기가 무엇인지를 묻는 설문조사에서 46%는 결혼을 통해 배우자와의 관계가 더 돈독해진다고 답했습니다. 결혼이 재정적으로도 많은 장점을 가져오기는 하지만, 결혼에까지 이르는 과정은 매우 복잡합니다. 호적사무소에 등록하기 위해서 수많은 서류들이 필요 합니다. 외국인 배우자가 있는 경우에는 더 복잡해집니다. 서로 다른 여권을 가진 부부는 (서로 국적이 다른 부부는) 관련 서류를 몇 달이고 기다려야 합니다.

Aufgabe 5 und 6

남성	배우 일과는 별개로 지금은 엽서도 판매하신다면서요?
여성	제 배우자와 저는 예술 작품 엽서 출판사를 하나 설립했습니다. 저희는 엽서를 매우 좋아하는 팬이고 엽서 쓰는 일을 좋아하기 때문입니다. 그런데 지금껏 저희 마음에 드는 어떤 것을 발견하지 못했고, 저희는 엽서를 새로 고안해 내려고 했습니다. 이 엽서들은 세련된 모티브가 있고, 집에 장식품으로 세워 둘 수도 있습니다. 스마트폰으로 순식간에 문자 메시지나 주고받는 것 대신에 이따금씩 손 글씨로 누군가에게 편지를 써 보내는 것은 어떨까요?

Aufgabe 7 und 8

남성	이동 수단의 미래가 이제 시작됩니다. 동료들과 함께 저희는 승차 공유 서비스 정거장을 새로 오픈했습니다. 이것이 대체 무엇이냐고 물어보는 분들이 있으실 겁니다. 이는 자동차부터 시작해서 자전거, 스쿠터는 물론 킥보드에 이르는 다양한 선택 수단이 준비되어 있는 거점을 의미합니다. 오늘날 많은 사람들이 버스나 기차에 대한 보조 수단으로 공용 이동 수단도 이용하기 때문입니다. 머지않아 사람들이 유연하게 이동 수단 제공 서비스에 쉽사리 접근할 수 있도록 하기 위해서, 미래에는 이 승차 공유 서비스 정거장과 이동 수단의 제공이 디지털 방식으로 연결될 계획입니다.

Aufgabe 9 und 10

남성	난 독일에서의 삶이 최고라고 생각해.
여성	응. 나도 그렇게 생각해.
남성	쾰른산 맥주부터 흰 맥주까지 모든 종류가 다 있다는 점에서 특히 마음에 들어. 이 모든 종류를 다 알 수 있는 사람은 없을 가능성이 매우 크지.
여성	내가 듣기로는 5,000개 이상, 6,000개에 달하는 맥주 종류가 있다고 하더라.
남성	에이, 진심으로 하는 말 아니지?

Radiointerview

핵심 전략

- 토론 내용을 듣고, 두 사람의 입장 및 상황을 파악합니다.

- 1차 재생을 들으며 한 사람의 의견이 끝날 때마다 1차로 선택합니다.

- 2차 재생을 들으며 누구의 의견인지 고르고 답안지에 표기합니다.

기출 토픽

- 라디오 방송에서 발췌한 인터뷰

- 과학 분야에 연관된 테마

문제 풀이 전략

- 이어지는 90초 동안 문제를 읽으며 선별적으로 취합해야 하는 정보를 파악합니다.

Teil 2

Sie hören im Radio ein Interview mit einer Persönlichkeit aus der Wissenschaft.

Sie hören den Text **zweimal**. Wählen Sie bei den Aufgaben 11 bis 16 die richtige Lösung a, b oder c.

Lesen Sie jetzt die Aufgaben. Dazu haben Sie 90 Sekunden Zeit.

11   Professor Sachs findet, dass die Gedanken und Gefühle von Tieren…

    a nicht fortgeschritten sind.

    b dem Menschen ähnlich sind.

    c nachweisbar sind.

12   Mit welchem Beispiel beweist Prof. Sachs die gedankliche Leistung von Tieren.

    a Ein Orang-Utan, der Kisten aufeinanderstapelt.

    b Ein Orang-Utan, der eine Banane angelt.

    c Ein Orang-Utan, der eine Erdnuss aus einem Glas holen will.

13   Welche Tiere außer den Menschenaffen sind imstande, nachzudenken?

    a Delfine und Elefanten

    b Fische und Vögel

    c Tiger und Löwen

14   Wie kann man überprüfen, ob man ein Ich-Bewusstsein hat?

    a Indem man ihn/sie fragt.

    b Indem man einen roten Punkt auf die Stirn malt und sich vor den Spiegel setzt.

    c Indem man ihm/ihr eine Banane gibt.

15 **Wie beeinflusst eine Bindung das Wohlbefinden der Tiere?**

a Die Trennung von einer Bindungsperson führt zu einer Stressreaktion.

b Man weiß nicht, was Tiere denken.

c Bindung spielt für Tiere keine Rolle.

16 **Welche Auswirkungen hat die Bindung noch auf Tiere?**

a Bindung bewahrt vor Stress.

b Tiere bauen keine Bindung auf.

c Eine Bindung besteht nur zu Kindern.

Moderator	Ich begrüße heute Professor Sachs. Ihr neues Buch „Der Mensch im Tier" handelt von großen Umbrüchen in der Verhaltensbiologie. Sie sagen, dass Mensch und Tier sich viel ähnlicher seien als gedacht.
Professor Sachs	Man kann in der Verhaltensbiologie tatsächlich von einem Paradigmenwechsel sprechen. Früher hieß es, Tiere könnten nicht denken, bei Ihnen sei alles nur Instinkt. Das Gleiche bei den Emotionen, da hieß es, über die Gefühle von Tieren könne man keine wissenschaftlich überprüfbaren Aussagen machen. Heute kennen wir Methoden, die genau diese Aussagen ermöglichen. Das Ergebnis ist, dass die Tiere durchaus Emotionen haben.
Moderator	Sie beschreiben einen Orang-Utan, der eine Erdnuss aus einem Glas holen will. Als ihm das nicht gelingt, weil seine Finger zu kurz sind, füllt er das Glas mit Wasser auf. Das ist eine anspruchsvolle Leistung?
Professor Sachs	Alle Menschenaffen sind zu solchen gedanklichen Leistungen fähig. Von Schimpansen weiß man das seit hundert Jahren. Erstaunlicherweise hielt sich trotzdem viele Jahrzehnte das das Dogma, dass Tiere nicht denken könnten. Erst seit wenigen Jahren ist allgemein akzeptiert, dass Tiere Probleme durch Nachdenken lösen.
Moderator	Welche Tiere außer den Menschenaffen können noch denken?
Professor Sachs	Delfine und Elefanten zeigen solche Leistungen. Seit einigen Jahren wissen wir, dass auch Raben denken können. Ebenso scheinen Krähen und Kohlrabenarten zu Intelligenzleistungen fähig.
Moderator	Uns Menschen unterscheidet von den Tieren, dass wir ein Ich-Selbstbewusstsein haben. Wissen hochintelligente Tiere um Ihre Identität?
Professor Sachs	Definitiv. Schimpansen erkennen sich zum Beispiel im Spiegel. Wenn man Schimpansen einen roten Fleck auf die Stirn malt und sie vor den Spiegel setzt, dann greifen sie nicht in den Spiegel hinein, sondern fassen sich an die eigene Stirn. Sie wissen also, dass sie selbst im Spiegel zu sehen sind. Ein Kind kann das beispielsweise erst ab dem Alter von etwa anderthalb Jahren. Ähnliche Experimente funktionieren auch bei Delfinen, Elefanten und wiederum Rabenvögeln. Die Tiere können allerdings noch viel mehr. Sie können sich auch in andere hineinversetzen. Also die Vorstellungen und Absichten ihrer Artgenossen erkennen und ihr eigenes Verhalten danach ausrichten.
Moderator	Bedeutet das, dass diese Tiere ähnlich fühlen wie ein Mensch?

Professor Sachs	Erstens bedeutet das, dass eine Ähnlichkeit zwischen unseren Gehirnen und den gedanklichen Leistungen gibt. Zweitens bedeutet es, dass sowohl Menschen als auch intelligente Tiere durch Umwelterfahrungen geformt werden.
Moderator	Welche Rolle spielt die Bindung für das Wohlfühlen der Tiere?
Professor Sachs	Die Bindung spielt bei vielen Säugetieren eine riesige Rolle. Wir haben Untersuchungen mit Meerschweinchen durchgeführt. Trennt man das Meerschweinchen von seinem Bindungspartner und setzt es in ein fremdes Gehege, kommt es zu vermehrtem Stress. Die Kortisolwerte schnellen in 30 Minuten auf 100 Prozent. Das ist die exakt gleiche Reaktion, die Kinder zeigen, wenn sie von ihrer Mutter getrennt werden. Umgekehrt schützt Bindung vor Stress. Die Stresshormone verringern sich, und das Immunsystem wird stärker, wenn der Bindungspartner in der Nähe ist.

여러분은 라디오에서 학계 종사자의 인터뷰 하나를 듣게 됩니다.

텍스트는 두 번 들려드립니다. 11번부터 16번까지의 문항에 대해 a, b 혹은 c 가운데 올바른 답안을 고르십시오.

지금 바로 문항들을 읽어 보십시오. 90초의 시간을 드립니다.

11 **Sachs** 교수는 동물들의 사고와 감정은…

    [a] 발달하지 못한 상태라고 생각한다.

    [b] 인간과 비슷하다고 생각한다.

    [c] 입증 가능하다고 생각한다.

12 **Sachs** 교수는 동물들의 사고력을 어떤 사례를 들어 증명했는가?

    [a] 상자들을 차곡차곡 쌓아 올리는 오랑우탄

    [b] 바나나를 낚아채는 오랑우탄

    [c] 유리병에 든 땅콩을 꺼내려고 하는 오랑우탄

13 유인원을 제외한 어떤 동물이 사고할 수 있는가?

    [a] 돌고래와 코끼리

    [b] 물고기와 새

    [c] 호랑이와 사자

14 자의식이 있는지 여부를 어떻게 시험할 수 있는가?

    [a] 그/그녀에게 물어봄으로써

    [b] 이마에 빨간 점을 하나 그려 놓고, 거울 앞에 서게끔 함으로써

    [c] 그/그녀에게 바나나를 줌으로써

15 애착 관계는 동물의 행복에 어떤 영향을 주는가?

a 자신이 애착을 가지는 사람과의 결별은 스트레스성 행동으로 이어진다.

b 동물들이 무슨 생각을 하는지 알 수 없다.

c 애착 관계는 동물들에 아무런 영향을 주지 못한다.

16 애착은 동물들에게 또 어떤 효과를 가져오는가?

a 애착은 스트레스를 방지한다.

b 동물들은 애착 관계를 형성하지 않는다.

c 애착은 어린 아이들에게서만 존재한다.

진행자	오늘 Sachs 교수님께 정식으로 인사드립니다. 교수님의 새 책 [동물 속 인간]은 행동생물학 분야에서의 커다란 변혁을 이야기하고 있습니다. 교수님께서는 사람과 동물이 생각보다 더 많이 유사하다고 말씀하고 계십니다.
Sachs 교수	행동생물학적 관점에서 진정한 패러다임의 전환이라고 말할 수 있겠습니다. 기존에는 동물들은 생각을 할 수 없고, 동물들에게는 모든 것들이 그저 본능일 것이라고 이야기했습니다. 감정의 측면에서도 같은 생각이었습니다. 동물들의 감정에 대해서도 과학적으로 검증할 수 있는 진술을 만들 수 없다고 보았기 때문입니다. 오늘날 우리는 정확히 이 진술을 가능케 하는 방법을 알고 있습니다. 실험 결과는 동물들도 전적으로 감정을 가지고 있다는 것입니다.
진행자	교수님께서는 유리병에서 땅콩을 꺼내려고 하는 오랑우탄을 묘사하셨습니다. 오랑우탄은 손가락이 너무 짧아서 이를 해낼 수 없었고, 유리병에 물을 채우기 시작했다고 말입니다. 이것이 높은 수준의 성과입니까?
Sachs 교수	교수 모든 유인원들은 이러한 지적인 성과를 거둘 수 있습니다. 침팬지를 통해서 이것을 수 백 년 전부터 알고 있었습니다. 놀라운 점은 그럼에도 불구하고 동물은 사고할 수 없다는 신조가 수 세기 동안 계속되어 왔다는 것입니다. 동물들이 생각을 통해 문제를 해결한다는 것은 겨우 몇 년 동안만 보편적으로 받아들여져 왔습니다.
진행자	유인원을 제외한 다른 동물들도 사고할 수 있습니까?
Sachs 교수	돌고래와 코끼리들이 이러한 종류의 성과를 보입니다. 수 년 전부터 우리는 까마귀도 사고할 수 있다는 것을 알았습니다. 마찬가지로 소위 특정 까마귀와 큰까마귀들이 지적인 성과를 이룰 수 있는 능력이 있음을 보였습니다.
진행자	우리 인간들의 경우 자의식을 가지고 있다는 점에서 동물들과 구분됩니다. 그럼 매우 지적인 동물들은 자신의 정체성에 대해 알고 있습니까?
Sachs 교수	분명히 그러합니다. 예를 들어 침팬지는 거울 속의 자신을 알아봅니다. 침팬지 이마에 빨간 점을 하나 그려 주고 거울 앞에 앉혀 두면, 침팬지는 거울을 만지는 것이 아니라, 자신의 이마를 만집니다. 결국 거울을 통해서 자기자신을 본다는 사실을 알고 있는 것입니다. 어린 아이의 경우를 예를 들면 한 살 반 이상 즈음부터 이것이 가능합니다. 돌고래와 코끼리, 그리고 까마귀류에서도 비슷한 실험이 가능합니다. 그러나 이 동물들은 더 많은 것들을 할 수 있습니다. 이들은 다른 이의 입장이 되어 생각할 수도 있습니다. 즉, 동종 생물의 생각과 의도를 인지하고, 자신의 고유한 행동을 그에 맞추어 합니다.
진행자	그것이 이 동물들이 인간과 비슷한 감정을 느낀다는 것을 의미합니까?
Sachs 교수	첫 번째로 이는, 우리의 두뇌와 지적인 성과 사이의 유사성이 있음을 의미합니다. 두 번째로 이는, 인간은 물론이고 지적인 동물들 또한 환경 경험에 의해 형성됨을 의미합니다.
진행자	애착 관계는 동물의 행복에 어떤 역할을 합니까?
Sachs 교수	애착 관계는 수많은 포유류들에게서 큰 역할을 합니다. 우리는 새끼 돌고래들을 가지고 연구를 진행했습니다. 새끼 돌고래를 애착 관계를 느끼는 파트너와 떨어뜨려 놓고 낯선 울타리에 집어넣으니, 스트레스가 증가했습니다. 코르티솔 수치가 30분 사이에 100%로

급증한 것입니다. 이는 아이가 부모와 떨어졌을 때 아이들이 보이는 것과 정확히 같은 반응입니다. 반대로 애착 관계는 스트레스를 막아 줍니다. 애착 관계를 느끼는 파트너와 가까이 있으면, 스트레스 호르몬이 줄어들고 면역 체계가 강화됩니다.

Meinungsbetontes Gespräch: Fernsehkonsum von Kindern

◉ **핵심 전략**

– 토론 내용을 듣고, 세 사람의 입장 및 상황을 파악합니다.

– 누가 무엇을 말했는지 기억해 두어야 합니다.

◉ **기출 토픽**

– 라디오 대담

– 일상 생활과 연관된 테마

– 특정 분야 및 사회 문제

◉ **문제 풀이 전략**

– 대화는 한 번 재생됩니다.

– 이어지는 60초 동안 문제를 읽으며 선별적으로 취합해야 하는 정보를 파악합니다.

Teil 3

Sie hören im Radio ein Interview mit mehreren Personen.
Sie hören den Text **einmal**. Wählen Sie die Aufgaben. Wer sagt was?
Lesen Sie die Aufgaben 17 bis 22. Dazu haben Sie 60 Sekunden Zeit.

Beispiel

0   Sie/Er besitzt einen Fernseher seit sie in die Schule geht.

a Moderator   ☒ Marlene Schwarz   c Thomas Bishopp

17   Fernsehen kann das Verhalten beeinflussen.

a Moderator   b Marlene Schwarz   c Thomas Bishopp

18   Fernsehen liefert nützliche Informationen.

a Moderator   b Marlene Schwarz   c Thomas Bishopp

19   Fernsehen hilft einem, vom Alltag abzuschalten.

a Moderator   b Marlene Schwarz   c Thomas Bishopp

20   Das Schöne am Fernsehen ist das Nichtstun.

a Moderator   b Marlene Schwarz   c Thomas Bishopp

21 **Kontrolliertes Fernsehen ist das Wichtigste.**

a Moderator b Marlene Schwarz c Thomas Bishopp

22 **Durch das Fernsehen wird die Familie vernachlässigt.**

a Moderator b Marlene Schwarz c Thomas Bishopp

Moderator	Fernsehen ist informativ und unterhaltend. Kein Wunder, dass viele Kinder in Deutschland einen eigenen Fernseher in ihrem Zimmer stehen haben. Aber beeinflusst der Fernsehkonsum die Schülerinnen und Schüler? Mein erster Gast im Studio ist Marlene Schwarz Schülerin der 10.Klasse des Friedrich Schiller Gymnasiums.
Marlene Schwarz	Hallo.
Moderator	Hallo. Sie haben Erfahrungen mit Fernsehen, da Sie einen eigenen Fernseher im Zimmer stehen haben.
Marlene Schwarz	Ja, das stimmt. Ich besitze einen eigenen Fernseher seit ich in die Schule gehe. Meine Eltern haben es mir damals als Geschenk gegeben, da ich keine Geschwister habe, hatte ich das Privileg einen eigenen Fernseher zu besitzen. Das ist jetzt fast 9 Jahre her.
Moderator	Hat es nicht Ihre Noten negativ beeinflusst? Schließlich konnten Sie den Fernseher beliebig ein- und ausschalten?
Marlene Schwarz	Nein, meine Noten sind nicht schlechter geworden. Klar habe ich anfangs sehr viel ferngesehen. Allerdings nahm das mit der Zeit ab, da es immer langweiliger wurde, habe ich den Fernseher irgendwann nur noch im Hintergrund laufen lassen, damit ich mich nicht so alleine fühle.
Moderator	Als nächsten Gast begrüße ich Herrn Thomas Bishopp auch vom Schiller Gymnasium, er ist Lehrer für Mathematik und Deutsch.
Thomas Bishopp	Guten Tag.
Moderator	Sie haben als Vertrauenslehrer sehr viel Zugang zu den Alltagsproblemen der Schülerinnen und Schüler. Wie wirkt sich Fernsehkonsum auf die Schüler aus.
Thomas Bishopp	Bei übermäßigem Fernsehkonsum kann es zu schlechten Noten in der Schule führen. Außerdem führt falscher Fernsehkonsum auch zu Verhaltensstörungen, da viele private Sender unrealistische und brutale Filme zeigen, durch die junge Menschen aggressiv werden und ein falsches Bild von der Realität bekommen können.
Moderator	Wann beginnt für Sie exzessiver Fernsehkonsum?
Thomas Bishopp	Ich bin kein Experte, aber ich würde sagen, wenn Kinder 3 Stunden und mehr fernsehen und nicht mehr am familiären Geschehen teilnehmen. Das kommt daher, dass man die Zeit, in der man etwas mit Freunden unternehmen kann, nur noch vor dem Fernseher verbringt. Außerdem können durch viel Fernsehen gesundheitliche Schäden entstehen, wie zum Beispiel Übergewicht oder Bandscheibenprobleme im Alter. Eindrittel aller 9 bis 12-Jährigen sollen zu viel wiegen.

Moderator	Man darf auch daran erinnern, das Fernsehen auch bildet und informiert.
Marlene Schwarz	Ich habe mein Fernsehprogramm bewusst ausgewählt und mir immer die Nachrichten oder Wissensmagazine angeschaut, und dadurch gelernt, wie man z.B. gefälschte Ware erkennt oder wie man Strom sparen kann. Aber in aller erster Linie dient das Fernsehen der Entspannung und Ablenkung vom Alltag.
Moderator	Fernsehen ist also ein gutes Mittel, um den Alltag zu vergessen?
Marlene Schwarz	Ja genau. Es macht Spaß, fernzusehen und man kann bei Komödien lachen oder weinen oder in eine andere Welt abtauchen. Einfach die Beine baumeln lassen.
Moderator	Um den Fernsehkonsum unter Kontrolle zu halten, ist es wichtig, dass man den Fernsehkonsum kontrolliert. Würden Sie das bejahen Herr Bishopp?
Thomas Bishopp	Mir wäre es immer noch lieber, wenn man gar kein Fernsehen mehr guckt. Denn heutzutage verbringt man seltener einen Spieleabend und schaut lieber den Blockbuster im Fernsehen an. Selbst beim Abendessen läuft in vielen Familien der Fernseher, sodass den Schülern eine Bindungsperson fehlt.
Moderator	Vielen Dank für Ihre Einblicke. Wenn Sie etwas hinzuzufügen haben, rufen Sie uns an oder hinterlassen uns eine Nachricht unter 0800 111(fade out)

여러분은 라디오에서 여러 사람의 인터뷰를 듣게 됩니다.
본문은 한 번만 들려드립니다. 문항을 선택하십시오. 누가 어떤 이야기를 하고 있습니까?
17번부터 22번까지의 문항을 읽어 보십시오. 60초의 시간을 드립니다.

Beispiel

0 그/그녀는 학교에 갈 때부터 **TV**를 가지고 있었다.

    a Moderator   ☒ Marlene Schwarz   c Thomas Bishopp

17 **TV** 시청은 행동에 영향을 줄 수 있다.

    a Moderator   b Marlene Schwarz   c Thomas Bishopp

18 **TV**는 유용한 정보를 가져다준다.

    a Moderator   b Marlene Schwarz   c Thomas Bishopp

19 **TV**는 일상으로부터 벗어나 푹 쉴 수 있게 도와준다.

    a Moderator   b Marlene Schwarz   c Thomas Bishopp

20 **TV** 시청 시 좋은 점은 아무것도 하지 않아도 된다는 것이다.

    a Moderator   b Marlene Schwarz   c Thomas Bishopp

21 가장 중요한 것은 통제된 **TV**시청이다.

    a Moderator   b Marlene Schwarz   c Thomas Bishopp

22 **TV** 시청으로 인해 가정이 소홀해진다.

    a Moderator   b Marlene Schwarz   c Thomas Bishopp

진행자	TV를 시청하는 것은 유익하고 유쾌한 일입니다. 독일의 많은 아이들이 자기 방에 각자 하나씩 TV를 가지고 있다는 것도 놀라운 일이 아니죠. 하지만 TV 시청이 학생들에게 영향을 줄까요? 스튜디오에 첫 게스트로 Friedrich Schiller 고등학교 10학년에 재학 중인 Marlene Schwarz가 나와 있습니다.
Marlene Schwarz	안녕하세요.
진행자	안녕하세요. 방에 TV가 있으니 TV 시청에 관한 경험들이 있으시겠습니다.
Marlene Schwarz	네, 그렇습니다. 제가 학교에 다닐 때부터 저만의 TV가 있었어요. 제가 형제자매가 없어서 부모님께서 당시 저에게 선물로 저만의 TV를 가질 수 있는 특전을 주셨죠. 이게 벌써 거의 9년도 더 된 일이네요.
진행자	학교 성적에 나쁜 영향을 끼치지는 않았습니까? 결국, 본인이 임의로 TV를 켜고 끄지는 않으셨나요?
Marlene Schwarz	아니오, 제 성적은 나빠지지 않았어요. 처음에는 TV를 굉장히 많이 봤다는 점은 분명합니다. 그러나 이게 점점 지루해져서 TV를 보는 시간이 줄어들었고, 언제부턴가 TV를 그저 혼자 있는 느낌이 들지 않게끔 하려고 틀어 놓게 되었습니다.
진행자	다음 게스트로 같은 Schiller 고등학교에서 수학과 국어를 가르치고 계시는 Thomas Bishopp 선생님께 인사드립니다.
Thomas Bishopp	안녕하십니까?
진행자	선생님께서는 학생상담 교사로서 학생들의 일상생활 속 문제들에 대한 수많은 접근 방법이 있으실 텐데 TV 시청이 학생들에게 어떤 영향을 줍니까?
Thomas Bishopp	과도하게 TV를 시청하면 학교에서 성적이 나빠질 수 있습니다. 그뿐만 아니라 수많은 민간 방송사는, 청년들을 공격적으로 만들고, 현실에 대한 잘못된 관념을 가지도록 만들 수 있는 비현실적이고 폭력적인 영화를 방영하기 때문에, 잘못된 TV 시청은 행동 장애를 야기합니다.
진행자	과도한 TV 시청이라고 하는 것이 언제 시작된다고 보십니까?
Thomas Bishopp	제가 전문가는 아니지만, 아이가 3시간 혹은 그 이상 TV를 시청하고 가족 행사에 참여하지 않을 때라고 말할 수 있겠습니다. 이는 친구들과 무언가를 하면서 보낼 수 있는 시간을 오로지 TV 앞에서만 보내기 때문입니다. 뿐만 아니라, 나이가 들어서 비만이라든가 척추 디스크 문제와 같은, 건강의 질환이 발생할 수도 있습니다. 9살에서 12살까지의 모든 아이들 가운데 1/3이 과체중이라고 합니다.
진행자	TV 시청은 교육적이고 유용하다는 점도 기억해야 합니다.
Marlene Schwarz	저는 제가 볼 TV 프로그램을 잘 확인하고 골랐습니다. 그리고 항상 뉴스나 시사 프로그램을 시청하고 이를 통해, 가짜 제품을 알아볼 수 있는 방법이나, 전기를 아끼는 방법 등을 배웠습니다. 저에게 있어서 TV 시청은 무엇보다도 일상으로부터의 휴식과 기분 전환에 도움을 줍니다.
진행자	TV 시청이 일상을 잊기에 좋은 수단이라는 말이군요?
Marlene Schwarz	네, 바로 그것입니다. TV 시청은 재미있고 코미디 프로그램을 보면서 울거나 웃을 수도 있고, 다른 세계에 빠져들 수도 있습니다. 그저 앉아서 쉬고 있으면 됩니다.

진행자	TV 시청이 통제 하에 이루어지도록 하려면, TV 시청을 통제하는 것이 중요합니다. Bishopp 선생님께서는 이에 동의하십니까?
Thomas Bishopp	저는 완전히 TV를 안 보는 것이 더 나을 것 같다는 입장입니다. 왜냐하면 오늘날에는 함께 보드게임을 하면서 저녁 시간대를 보내기 보다는 TV에서 블록버스터 영화를 보면서 시간을 보내기 때문입니다. 저녁 식사 때만 해도 많은 가정에서 TV를 틀어 놓고 있다 보니, 학생들이 애착을 느낄 수 있는 사람이 없습니다.
진행자	고견 주셔서 감사합니다. 보충 설명할 것이 있으시면 저희에게 연락 주시거나, 0800 111 번으로 문자 남겨 주시기 바랍니다.

Monolog: Bessere Arbeitstechniken

핵심 전략

– 긴 독백의 형식의 내용을 듣고 객관식 7개 문항을 풉니다.

기출 토픽

– 긴 독백의 형식의 글

– 강연, 가이드, 환영 인사

문제 풀이 전략

– 이어지는 90초 동안 문제와 선택지를 읽습니다.

– 대화는 두 번 재생됩니다.

– 3지선다형 문제입니다.

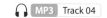

Sie hören einen kurzen Vortrag. Sie hören den Text zweimal.
Markieren Sie dazu bei jeder Aufgabe die richtige Antwort a, b oder c.
Hören Sie zuerst den Text. Lesen Sie dann die Aufgaben 23 bis 30.
Dazu haben Sie 90 Sekunden Zeit.

23   Tagebuch führen bedeutet,

a   eine Verbindung mit seinem Inneren ich zu schaffen.

b   sich mit seinem Leben abzufinden.

c   Sorgen niederzuschreiben.

24   Für manche ist das Führen eines Tagebuchs…

a   ein Weg zum Erfolg.

b   ein Weg, die schönen Dinge im Leben nicht zu vergessen.

c   mit großem Stress verbunden.

25   Tagebuchschreiben ist eine Art "Seelenhygiene",

a   weil man Stress abbaut.

b   weil man jeden Tag schreiben muss.

c   weil das Tagebuch der einzige Ort ist, wo man nicht bewertet wird.

26   Internetblogs sind als Ersatz für ein Tagebuch ungeeignet.

a   Man muss genau überlegen, wie und was man schreibt.

b   Tagebücher haben mehr Spielraum.

c   Blogs sind mit mehr Arbeit verbunden.

27 **Die berühmtesten Tagebücher entstanden**

- a in Cafés.
- b auf der Flucht.
- c zu Hause.

28 **Solange man auf das Äußere reagiert,**

- a schafft man keine Verbindung mit seinem Inneren ich.
- b ist man vollständig.
- c hat man nur Kontakt mit dem Äußeren.

29 **Viele beabsichtigen ein Tagebuch zu führen,**

- a aber wissen nicht was.
- b aber finden kein Buch.
- c aber haben keine Motivation.

30 **Das Motto des Tagebuchs ist,**

- a erreiche deine Ziele schneller.
- b verbessere deine rhetorischen Fähigkeiten.
- c finde heraus, was du denkst, indem du liest, was du schreibst.

Teil 4 Skript

Ich begrüße Sie ganz herzlich zu meinem Vortrag "Warum ist Tagebuchschreiben heilsam?". Ich bin Olaf Klein von der Humboldt Universität Berlin.
Es gibt mehrere Gründe, warum wir Tagebuch führen sollten. Erstens um mehr Zeit für sich zu haben. Damit man herausfindet, was im eigenen Leben wirklich wichtig ist. Um sich selbst besser zu spüren und mit sich in Kontakt zu sein. Damit man sich nicht im Außen verliert.

Außerdem lässt sich das eigene Leben durch ein Tagebuch besser erinnern und damit auch vervielfachen. Manche nutzen es, um die besonders schönen Dinge im Alltag vor dem Vergessen zu bewahren. Andere, um unerlaubte, aber dennoch vorhandene Gedanken und Gefühle von der Seele zu schreiben.
Wieder andere schreiben vor großen Entscheidungen, um sich selbst klarer zu werden. Wer jetzt denkt, dass Tagebuchführen nach einem anstrengenden Tag zu einem weiteren Stressor werden kann, dem muss ich entgegnen, dass Tagebuchschreiben auch am Morgen geht.

Tagebuchschreiben ist so etwas wie "Seelenhygiene". Man muss auch nicht jeden Tag schreiben. Das Tagebuch ist eines der letzten Bereiche, den niemand bewertet und niemand zensiert. Das ist heilsam.
Am besten man hat es immer bei sich und notiert sich zwischendurch seine Gedanken, Einfälle oder Beobachtungen, bevor man sie vergessen hat.

Wer jetzt denkt, seine Gedanken in einem Blog zu teilen ist zeitgemäßer, dem möchte ich sagen, dass Sie in einem Blog immer gezwungen sind, zu überlegen, was Sie da genau schreiben.
Wer wird das lesen, wie wird das verstanden, was denken andere Menschen über mich? Aus dem Reich der Freiheit wird "ein Zurschaustellen". Das kann man tun, ist dann aber kein Tagebuch mehr.

Viele Tagebücher berühmter Persönlichkeiten tragen immer ein Element des Widerstands in sich.
Durch das Schreiben wird man vom Opfer zum Gestalter seines Lebens. Es fördert den Selbstwert unabhängig von den jeweiligen Lebensumständen. Die berühmtesten Tagebücher sind nicht im Café entstanden, sondern auf der Flucht, in Gefängnissen oder in Arbeitslagern. Der Widerstand richtet sich gegen Diktatoren, Besatzer, aber auch gegen Ablenkung, Zerstreuung oder übermäßige Beschleunigung. Alles was ein sinnvolles, erfülltes Leben verhindern könnte.

Viele haben den Willen Tagebuch zu schreiben, wissen aber nicht, was sie schreiben sollen.

Für diese Leute habe ich einen Tipp. Mit dem ersten Satz beginnen Sie. Beim zweiten Satz sind Sie schon mittendrin.

Das Motto des Tagebuchs lautet, woher kenne ich meine Gedanken, wenn ich es nicht lese? Das heißt, solange ich nur auf Äußeres reagiere, komme ich mit meinem Inneren nicht wirklich in Kontakt. Ich beende meinen Vortrag mit einem Satz: Das Tagebuch ist keine Zusammenfassung, sondern eine Entdeckungsreise.

여러분은 짧은 강연 하나를 듣게 됩니다. 본문은 두 번 들려 드립니다.

각각의 문항에 a, b, c 가운데 정답을 고르십시오.

먼저 본문을 들어 보시기 바랍니다. 그리고 23번부터 30번까지의 문항을 읽어 보십시오.

90초의 시간이 주어집니다.

23 일기를 쓰는 것은 무엇을 의미하는가?

a 내면의 자신과의 관계를 만들어 가는 것

b 자신의 삶에 만족하는 것

c 걱정거리를 기록해 두는 것

24 몇몇 사람들에겐 일기를 쓰는 일은…

a 성공으로 향하는 길이다.

b 삶의 아름다운 일들을 잊지 않게 해 주는 방법이다.

c 큰 스트레스와 결부된다.

25 일기를 쓰는 것은 일종의 "정신 건강 관리법"이다.

a 왜냐하면 스트레스를 줄일 수 있기 때문이다.

b 왜냐하면 매일 작성해야 하기 때문이다.

c 왜냐하면 일기는 가치 평가를 받지 않는 유일한 곳이기 때문이다.

26 일기의 대체 수단으로의 인터넷 블로그는 적합하지 않다.

a 무엇을 어떻게 쓸 것인지 잘 생각해야 한다.

b 일기장에는 더 많은 여유 공간이 있다.

c 블로그는 더 많은 작업들로 엮여 있다.

27 가장 저명한 일기장들은…

a 카페에서 생겨났다.

b 피난 중에 생겨났다.

c 집에서 생겨났다.

28 외부적인 요인들에 반응하는 한

a 내부의 자기자신과의 관계를 맺을 수 없다.

b 결함이 없는 사람이다.

c 외부적인 요인과의 관계만을 가지게 된다.

29 많은 사람들이 일기장을 작성할 계획이 있지만,

a 무엇을 해야 할지 모른다.

b 책을 못 찾는다.

c 의욕이 없다.

30 일기장의 모토는

a 목표를 더 빨리 달성하는 것이다.

b 수사 능력을 발전하게 하는 것이다.

c 본인이 작성한 글을 읽음으로써 자신의 생각을 알게 되는 것이다.

안녕하십니까 여러분. 저의 강연 "일기 쓰기가 유익한 이유는 무엇인가?"을 통해 여러분을 만나 뵙게 되었습니다. 저는 베를린 훔볼트 대학교의 Olaf Klein이라고 합니다.

우리가 일기를 써야 하는 여러 이유들이 존재합니다. 그 중 첫 번째로는 자신을 위한 시간을 더 가지기 위해서입니다. 일기를 씀으로써 자신의 삶에서 정말로 중요한 것이 무엇인지 알게 됩니다. 자신과 교류하여, 자신에 대해 더 잘 알아가기 위함이고, 바깥 세상에서 자기자신을 잃지 않게 됩니다.

뿐만 아니라 일기를 통해서 자기자신의 삶을 더 잘 기억하고, 풍부하게 만들어 줍니다. 어떤 사람들은 일상에서 아주 아름다운 일들을 잊혀지기 전에 보존하기 위해서 일기를 활용합니다. 또 다른 사람들은 허락되지는 않지만 그럼에도 존재하는 마음 속 생각과 감정들을 쓰기 위해서 일기를 활용합니다.
또 어떤 사람들은 큰 결정을 앞두고 스스로 좀 더 명확하게 하기 위해서 일기를 쓰기도 합니다. 일기 쓰기가 치열했던 하루를 마친 뒤의 또다른 스트레스 요인이 될 수 있다고 생각하는 사람에게 저는 일기 쓰기는 아침에 할 수도 있다고 반문하겠습니다.

일기 쓰기는 정신 건강 관리법의 일종입니다. 매일 일기를 쓸 필요는 없습니다. 일기는 아무도 가치 평가를 하지 않고 아무도 점수를 매기지 않는 마지막 영역 가운데 하나입니다. 그리고 그것은 유익합니다.
일기를 항상 가지고 다니면서 잊기 전에 틈틈이 자신의 생각이나 묘안 혹은 인지한 것들을 기록해 두는 것이 최선입니다.

자신의 생각을 블로그에서 공유하는 것이 더 요즘 시대에 걸맞은 일이라고 생각하는 사람에게 저는, 당신은 블로그에 정확히 무엇을 쓸 것인지 항상 고민을 강요 받을 것이라고 말하고 싶습니다.
누가 그것을 읽게 될 것인가, 그것이 어떻게 이해될 것인가, 다른 사람들은 나에 대해서 어떻게 생각할 것인가? 자유 공간에서 빠져나와 한 편의 전시회가 될 것입니다. 물론 그렇게 할 수도 있지만, 그러면 이는 더 이상 일기라고 할 수 없습니다.

저명인사들의 수많은 일기장들은 항상 내면의 저항적 요소를 담고 있습니다. 일기 쓰기를 통해 사람은 자신의 삶의 희생자에서 창작자가 됩니다. 그것은 각자의 생활 형편들과는 별개로 자긍심을 고취시킵니다. 가장 저명한 일기장들은 카페가 아니라 피난 중에, 옥중에서 혹은 강제 노동 수용소에서 만들어졌습니다. 그러한 저항은 독재자들이나 점령군에 대항하여 일어났던 것은 물론이고, 산만하고 정신없는 것이나 혹은 과도한 가속화 같은 것들에 반대하여 일어났습니다. 의미 있고 만족스러운 삶을 저해할 수 있는 모든 것들 말입니다.

많은 사람들이 일기를 쓰고자 하는 의지는 가지고 있습니다만, 무엇을 써야 좋을지에 대해서는 알지 못합니다. 저는 이런 사람들을 위한 한 가지 팁을 가지고 있습니다. 일단 문장을 하나 써 보십시오. 그러면 두 번째 문장부터는 자연스럽게 글을 써 나가고 있을 것입니다.

일기의 모토는 다음과 같습니다. [내가 쓴 것을 내가 읽어 보지 않는다면, 내가 생각하는 것들을 어디서 알 수 있겠는가?] 이는 내가 외부적인 요인들에만 반응을 하는 한, 내 안의 요인들과는 제대로 된 관계를 맺을 수 없음을 의미합니다. 한 문장으로 제 강연을 마치고자 합니다. 일기는 요약본이 아닙니다. 하나의 탐사 여행입니다.

쓰기

Modul
Schreiben

Modul Schreiben 쓰기

1. 시험 구성

Schreiben	문항 수	점수	시간
Teil 1	1	60점	50분
Teil 2	1	40점	25분
gesamt	문항	100점	75분

2. 쓰기 파트 내용 및 주제

Schreiben	내용	유형	빈출 주제	작문하는 시간
Teil 1	포럼 의견 제시하기	150 단어 (15문장)	온라인 커뮤니티 토픽	50분
Teil 2	이메일	100 단어 (10문장)	직장 생활 관련 토픽	25분

Forumsbeitrag:

핵심 전략

- 다양한 논리 구조의 에세이
- 장단점, 찬성/반대, 원인 해결책 등

기출 토픽

- 시사성 있는 주제에 관한 온라인 커뮤니티 포스팅

문제 풀이 전략

- 주제의 핵심이 담긴 키워드를 글 전반에 언급합니다.
- 원문의 중요 단어와 비슷한 표현을 활용합니다(Paraphrasieren).
- 모범답안을 통해 서론, 본론, 결론 구성을 익힙니다.

문단의 5형식

Einleitung	**… ist umstritten, weil S O V** **Viele V O, weil S O V**
These	문단의 메인 포인트, 주제를 말해 주며 해당하는 단락의 주제는 전체 글의 주제와 직접적으로 연관되어야 합니다. z.B. **Smartphones führen zur Verdummung!**
Begründung	뒷받침이 될 수 있는 경험, 설명, 인용문을 말합니다. 보통 본인의 경험에 대해 씁니다. z.B. **Seit der Benutzung eines Smartphones kann ich mir keine Rufnummern merken.**
Beweis	정확한 데이터, 예시, 증거, 통계 등을 사용해서 분석하는 단계입니다. z.B. **Auch mein Freund hat ein Problem mit Rufnummern merken.** **Experten sagen, dass…** **Die Statistik sagt aus, dass…** **Ich selbst V O**
Schluss	**Alles in allem kann man zusammenfassend sagen, dass…**

Teil 1 예시

1 Jugendliche sollten über die Folgen des Rauchens aufgeklärt werden

These	Jugendliche müssen über die Folgen des Rauchens aufgeklärt werden. Allein die wirtschaftlichen Auswirkungen des Rauchens von Jugendlichen zwingen zur Aufklärung über die gesundheitlichen Gefahren.
Argument	Informationen über die Folgen des Rauchens sind wirkungsvoll, weil für den Staat die Ausgaben für Folgekrankheiten erheblich höher sind, als die Einnahmen durch die Tabaksteuer.
Beweis	Auch mein Freund hat ein Problem mit.. Experten sagen, dass … Die Statistik sagt aus, dass… Ich selbst V O

Desweiteren…

Ein weiterer Aspekt ist, dass…

Ein weiterer Gesichtspunkt ist, dass

Ein weiterer Punkt ist, dass…

Hinzu kommt der Umstand, dass…

Ferner wird mit diesem Argument …. V

Mit diesem Argument wird deutlich, dass

1 청소년들은 흡연의 결과에 대해서 교육을 받아야 한다.

These 명제	청소년들은 흡연의 결과에 대해서 교육을 받아야 한다. 청소년 흡연의 경제적인 영향만을 놓고 보더라도, 반드시 건강상의 위험에 대해 깨우쳐 주어야 한다.
Argument 논의	흡연의 결과에 대한 정보는 국가 차원에서는 담배세를 통한 수입보다, 후유증으로 인한 지출이 훨씬 크기 때문에 효과적이다.
Beweis 증거	내 친구도 …한 문제가 있다. 전문가들이 말하기를… 통계 자료에 의하면… 나 또한 … 하다.

그 뿐만 아니라…

다른 측면에서는…

다른 관점에서는…

다른 점에서는…

그 상황에 덧붙여서…

이 주장에 대해 좀 더 깊게 살펴보면…

이 주장으로 인해 분명해진 것은…

2 Handys im Unterricht

These	Smartphones können im Unterricht hilfreich sein.
Argument	Smartphones können den Unterricht bereichern, denn mit ihnen kann man Fragen im Internet schnell und zeitsparend klären.
Beweis	Auch mein Freund hat ein Problem mit.. Experten sagen, dass … Die Statistik sagt aus, dass… Ich selbst V O

Desweiteren…

Ein weiterer Aspekt ist, dass…

Ein weiterer Gesichtspunkt ist, dass

Ein weiterer Punkt ist, dass…

Hinzu kommt der Umstand, dass…

Ferner wird mit diesem Argument ….V

Mit diesem Argument wird deutlich, dass

2 수업 시간 중의 휴대폰

These 명제	스마트폰은 수업에 도움이 될 수 있다.
Argument 논의	스마트폰은 그것을 이용하여 의문점을 인터넷에서 빠르게, 시간을 절약하여 해결할 수 있기 때문에 수업에 도움이 될 수 있다.
Beweis 증거	내 친구도 …한 문제가 있다. 전문가들이 말하기를… 통계 자료에 의하면… 나 또한 … 하다.

그 뿐만 아니라…

다른 측면에서는…

다른 관점에서는…

다른 점에서는…

그 상황에 덧붙여서…

이 주장에 대해 좀 더 깊게 살펴보면…

이 주장으로 인해 분명해진 것은…

이메일에서의 환영 공식 Begrüßungsformeln im Emailschriftverkehr

formell	informell
Sehr geehrte/r	Liebe/r + Name
Guten Tag + Name	Hallo + Name (친구들끼리)

formell	informell
Mit freundlichen Grüßen(MfG)	Liebe Grüße
Beste Grüße	Grüße aus Berlin
Viele Grüße(VG)	Sonnige Grüße
Herzliche Grüße	Gruß
Liebe Grüße(LG)	Einen guten Start in die Woche.
Hochachtungsvoll	Ein schönes Wochenende

Teil 1 Vorgeschlagene Arbeitszeit: 50 Minuten

Sie schreiben einen Forumsbeitrag zum Thema "Sind Haustiere als Heilmittel geeignet?".

- Äußern Sie Ihre Meinung zu der heilenden Wirkung von Haustieren.
- Nennen Sie Gründe, warum man sich ein Haustier oder kein Haustier anschaffen sollte.
- Nennen Sie ein Haustier, dass Sie empfehlen würden.
- Nennen Sie weitere Vor- und Nachteile von Haustieren.

Denken Sie an eine Einleitung und einen Schluss. Bei der Bewertung wird darauf geachtet, wie genau die Inhaltspunkte bearbeitet sind, wie korrekt der Text ist und wie gut die Sätze und Abschnitte sprachlich miteinander verknüpft sind.
Schreiben Sie mindestens 150 Wörter.

Schriftlicher Ausdruck: Aufgabe 1

Schreiben Sie mindestens 150 Wörter.

Stichpunktzettel

Musterlösung

Viele Leute halten Haustiere, weil sie Geborgenheit schenken.
Wenn man ein Tier hat, fühlt man sich geliebt und geborgen. Das baut Stress ab.
Ich selbst hatte ein Haustier, das mir Geborgenheit geschenkt hat.

Ein weiterer Punkt ist die Gesundheit.
Geht man mit seinem Tier spazieren, ist man regelmäßig an der frischen Luft und bleibt gesund.
Haustiere helfen dem Menschen.
Allerdings sind Tiere kein Heilmittel, sondern ein Freund, um den man sich kümmern muss.

Wenn man keinen Freund will, sollte man sich kein Haustier beschaffen.
Viele versuchen mit Hilfe des Haustiers, den Alltagsstress abzubauen.
Dadurch sind die Tiere viel Stress ausgesetzt. Tiere sind kein Gegenstand.
Ein weiterer Gesichtspunkt ist, wenn sich jemand einen Hund anschafft, weil man ihn süß findet.
Dann verliert man das Interesse, wenn der Hund größer wird.
Ich selbst habe meinen Hamster ausgesetzt, weil ich in den Urlaub fahren musste. Wenn man keine Zeit hat, muss das Tier leiden.
Hinzu kommt der Umstand, dass Tiere Geld kosten. Wenn man Tiere halten will, braucht man Geld, weil man den Tieren ein Haus, Essen und Liebe schenken muss.
Wenn ich ein Tier empfehlen müsste, würde ich Fische empfehlen. Sie müssen nicht auf ihr Herrchen warten.
Will man keine Verantwortung übernehmen, sollte man sich kein Tier anschaffen.

(206 Wörter)

Teil 1 권장 시간: 50분

여러분은 "치료제로서 반려동물은 적합한가?"라는 주제로 토론 기고문을 쓰게 됩니다.

— 반려동물의 치료 효과에 대한 여러분의 의견을 개진하십시오.
— 반려동물을 장만하거나 혹은 장만하지 말아야 할 이유를 밝히십시오.
— 여러분이 추천할 만한 반려동물 하나를 제시하십시오.
— 반려동물들의 기타 장단점들을 제시하십시오.

서론과 결론을 고려하십시오. 평가 시, 내용 포인트가 얼마나 정확히 다루어졌는지 여부와, 텍스트의 정확도 그리고 각각의 문장과 단락이 언어적으로 얼마나 적절히 연결되어 있는지를 반영합니다. 최소 150자를 쓰십시오.

예시답안

많은 사람들은 반려동물이 주는 안정감 때문에 반려동물을 키웁니다.
반려동물을 가지면 사랑받고 있고 안전하다는 느낌을 받으며, 이것이 스트레스를 줄여 줍니다.
저 역시도 저에게 안정감을 주던 반려동물이 하나 있었습니다.

그 밖의 측면은 바로 건강입니다.
자신의 반려동물과 산책 나가면, 주기적으로 신선한 공기를 마실 수 있고 건강을 유지할 수 있습니다.
반려동물은 사람들을 돕습니다.
그러나 반려동물은 치료제가 아니라 돌보아 주어야만 하는 친구입니다.

(반려동물과) 친구가 되고 싶지 않다면 반려동물도 데려오지 않는 것이 좋습니다.
많은 이들이 반려동물의 도움으로 일상 속 스트레스 줄이기를 시도합니다.
이 과정에서 반려동물들은 많은 스트레스에 노출됩니다. 동물들은 물건이 아닙니다.
또 다른 측면은 개가 귀엽다는 이유로 누군가가 개를 데리고 왔을 때입니다.
이후 개가 성장하게 되면 사람들은 흥미를 잃게 됩니다.
저 자신도 휴가를 떠나야 했기에 햄스터를 방출했습니다. 시간이 없다면, 동물은 고통을 겪을 수밖에 없습니다.
여기에 추가로 동물을 키우는 데는 돈이 듭니다. 반려동물을 키우고 싶다면, 동물들에게 집과 먹이 그리고 사랑을 주어야만 하기 때문에 돈이 필요합니다.
제가 반려동물 하나를 추천해야 한다면, 물고기를 추천하겠습니다. 물고기들은 주인을 기다릴 필요가 없기 때문입니다.
책임을 지고 싶지 않다면, 반려동물은 들이지 않는 것이 좋습니다.

(206자)

Persönliche Mitteilung(Email): Nachricht an Vorgesetzten

◉ 핵심 전략

– 감사, 불평, 요청 등 다양한 목적의 편지/이메일

◉ 기출 토픽

– 직업과 관련 된 공식 메시지

◉ 문제 풀이 전략

– 네 가지 사항을 모두 포함해야 합니다.

– 본문에 있는 어휘나 표현을 그대로 사용해도 됩니다.

Teil 2 Vorgeschlagene Arbeitszeit: 25 Minuten

Sie arbeiten in einer deutschen Firma. Sie sind plötzlich erkrankt und können nicht auf Geschäftsreise gehen. Schreiben Sie an Ihre Kollegin Iris Schreiber und machen Sie einen neuen Termin aus.

Schilderung der Krankheit.

Machen Sie einen neuen Termin aus.

Bitten Sie um Verständnis.

Zeigen Sie Verständnis für die Arbeitssituation in der Firma.

Überlegen Sie sich eine passende Reihenfolge für die Inhaltspunkte. Bei der Bewertung wird darauf geachtet, wie genau die Inhaltspunkte bearbeitet sind, wie korrekt der Text ist und wie gut die Sätze und Abschnitte sprachlich miteinander verknüpft sind. Vergessen Sie nicht Anrede und Gruß. Schreiben Sie mindestens 100 Wörter.

Schriftlicher Ausdruck: Aufgabe 2

Schreiben Sie mindestens 100 Wörter.

Stichpunktzettel

Teil 2 서신, 개인적인 메시지 작성하기 권장 시간: 25분

여러분은 어떤 독일 회사에서 일하고 있습니다. 당신은 갑자기 몸이 좋지 않아서 출장을 갈 수 없습니다. 여러분의 직장동료 Iris Schreiber에게 편지를 쓰고, 새 일정을 잡으십시오.

질병에 대해 설명하십시오.

새 일정을 잡으십시오.

양해를 구하십시오.

회사의 업무 상황에 대한 이해도를 보여주십시오

항목에 대한 적절한 순서를 생각해 보십시오.

이 평가는 내용 포인트가 정확히 어떻게 처리되었는지, 텍스트가 얼마나 정확한지, 문장 및 단락이 언어적으로 얼마나 잘 연결되어 있는지를 고려합니다.

호칭과 인사하는 것을 잊지 마십시오.

최소한 100단어를 쓰십시오.

Musterlösung

Liebe Iris,

ich schreibe dir, weil ich seit gestern Fieber habe. Ich liege mit Kopf und Gliederschmerzen im Bett und kann nicht aufstehen. Es liegt vielleicht daran, dass ich die letzte Woche in Afrika war. Es soll dort eine sehr ansteckende Krankheit kursieren. Ich habe Angst, dass ich jemanden anstecke. Ich gehe besser zum Arzt und lass mich untersuchen.

Aus diesem Grund muss ich meine Geschäftsreise absagen. Ich habe leider nicht die Kontaktdaten unseres Geschäftspartners. Würdest du den Geschäftspartner kontaktieren, mir einen Termin ausmachen und mir anschließend Bescheid geben? Ich kann fliegen, sobald ich wieder gesund bin. Es tut mir leid, dass ich den Plan durcheinanderbringe. Ich weiß, du hast sehr viel zu tun.

Ich hoffe, du hast Verständnis für meine Situation.
Ich melde mich, sobald es mir besser geht.

Liebe Grüße
Yujin Chung

해석

Iris에게

어제부터 열이 나서 메시지를 씁니다. 저는 두통과 관절통 때문에 침대에 누워 있고 일어나지 못해요. 아마도 지난 주에 아프리카에 갔기 때문일지도 모릅니다. 거기에서는 매우 전염성이 높은 질병이 퍼지고 있다고 합니다. 제가 다른 누군가를 감염시킬까 봐 두려워요. 의사에게 가서 진찰을 받는 게 좋겠습니다.

이러한 이유로 저의 출장을 취소해야 합니다. 유감스럽게도 저는 우리 비즈니스 파트너의 연락처를 가지고 있지 않습니다. 비즈니스 파트너에게 연락해서 약속을 정하고 나중에 저에게 알려 주시겠어요? 제가 다시 건강해지는 대로 바로 갈 수 있습니다.
제가 계획에 혼란을 만든 것에 대해 미안합니다. 당신도 할 일이 매우 많다는 것을 알아요.

당신이 저의 상황을 이해해 주길 바랍니다.
나아지면 바로 연락할게요.

고맙습니다.
정유진

Schriftverkehr in der Firma 회사에서의 서신 주고받기

1 Anna Berger, Fritz Fischer

Schreiben Sie eine SMS an Ihren Kollegen, dass Sie nächsten Monat Urlaub brauchen und bitten Sie Ihren Kollegen um Hilfe. Machen Sie Vorschläge, wann Kollegen für Sie einspringen können(einzelne Tage, morgens, abends, nachmittags, vormittags). Erklären Sie, wie wichtig es für Sie ist, in dieser Woche frei zu haben und versprechen Sie, dass Sie in Zukunft gern die Schichten der Kollegen übernehmen.

다음달 휴가가 필요하여 직장동료의 도움을 요청하는 메시지를 작성하십시오. 직장 동료가 언제 (며칠, 아침 시간대, 저녁 시간대, 오후 시간대, 오전 시간대) 여러분을 도와줄 수 있는지 제안하십시오. 이번주에 시간이 비는 것이 얼마나 중요한지 설명하고, 차후 동료의 근무를 기꺼이 대신할 것임을 약속하십시오.

2   Fritz Fischer, Anna Berger

Schreiben Sie eine SMS, dass Sie nicht für Anna arbeiten können.
Sagen Sie ihr, dass Sie nächsten Monat auf Geschäftsreise sind.
Schlagen Sie Anna vor, dass sie sich direkt an die Vorgesetzte Frau
Lohmeyer wenden soll. Bieten Sie an, dass Sie zwei Tage für sie
arbeiten können, wenn Frau Lohmeyer einverstanden ist.

Anna를 대신해서 근무할 수 없다고 메시지를 작성하십시오. 여러분은 다음달 출장이 있음을 그녀에게
이야기하십시오. Anna는 직장 상사인 Lohmeyer씨에게 직접 도움을 요청하는 것이 나을 것이라고
제안하십시오. Lohmeyer씨가 동의하면 Anna를 위해 이틀간 일을 해 줄 수 있음을 제의하십시오.

3 Anna Berger, Fritz Fischer

Antworten Sie Fritz Fischer und bedanken Sie sich noch einmal für die Hilfe. Schreiben Sie, dass Sie sich schon an Frau Lohmeyer gewandt haben und sagen Sie, dass es eine Ausnahmesituation ist. Schreiben Sie, dass Sie sich ein zweites Mal an Frau Lohmeyer wenden werden.

Fritz Fischer 에게 답장하여 다시 한 번 도움에 감사를 표현하십시오. 여러분은 이미 Lohmeyer씨에게 조언을 부탁한 적이 있다고 쓰고, 이는 예외적인 상황임을 이야기하십시오. 여러분은 두 번째로 Lohmeyer씨에게 도움을 청할 것이라고 쓰십시오.

4 Anna Berger, Frau Loymeyer

Schreiben Sie Frau Lohmeyer eine Email, in der Sie die Situation erklären, und sie um Rat bitten. Schreiben Sie ihr, dass Sie unbedingt Urlaub brauchen und erklären Sie, dass Fritz Fischer zwei Schichten übernehmen wird. Sagen Sie ihr, dass Sie einen Urlaubsantrag schicken wird, wenn Frau Lohmeyer damit einverstanden ist. Bedanken Sie sich und bitten um Verständnis.

Lohmeyer씨께 여러분이 처한 상황을 설명하는 내용을 담은 이메일을 하나 작성하고 조언을 부탁하십시오. 여러분은 반드시 휴가가 필요하다는 점을 쓰고 Fritz Fischer가 두 번 근무를 대신하게 될 것이라는 점을 설명하십시오. Lohmeyer씨가 동의하면 휴가 신청서를 보낼 것이라고 쓰십시오. 감사를 표하고 양해를 구하십시오.

말하기

Modul
Sprechen

Modul Sprechen 말하기

1. 시험 구성

Sprechen	문항 수	점수	시간
Teil 1	1	44점	8분
Teil 2	1	56점	5분
gesamt	2문항	100점	9분

2. 쓰기 파트 내용 및 주제

Sprechen	유형	빈출 주제	말하는 시간
Teil 1	발표, 질의응답	대학, 직장	8 / 4 + 4
Teil 2	토론	대학, 직장	5 / 2,5 + 2,5

Sprechen Teil 1
Vortrag

핵심 전략

– 한 주제에 대해 준비하여 발표하고 질문과 답을 주고받습니다.

기출 토픽

– 짧은 텍스트에 대한 자신의 입장을 전달하기

문제 풀이 전략

– 주제의 핵심이 담긴 키워드를 글 전반에 언급합니다.

– 원문의 중요 단어와 비슷한 표현을 활용합니다(Paraphrasieren).

– 모범답안을 통해 서론, 본론, 결론 구성을 익힙니다.

– 다양한 주제를 가지고 따라서 연습합니다.

Teil 1

Vortrag halten Dauer für beide Teilnehmende: circa 8 Minuten

Sie nehmen an einem Seminar teil und sollen dort einen kurzen Vortrag halten.

Wählen Sie ein Thema 1 oder 2 aus. Ihr(e) Gesprächspartner/in hört zu und stellt Ihnen anschließend Fragen.

Strukturieren Sie Ihren Vortrag mit einer Einleitung, einem Hauptteil und einem Schluss.

Ihre Notizen und Ideen schreiben Sie bitte in der Vorbereitungszeit auf.

Sprechen Sie circa 4 Minuten.

Thema 1

Handyverbot an der Schule

- Beschreiben Sie mehrere Argumente

- Nennen Sie Vor- und Nachteile und bewerten Sie diese

- Beschreiben Sie ein Argument genauer.

Thema 2

Sollten Kinder einen eigenen
Computer(PC = Personal
Computer) haben?

• Beschreiben Sie mehrere
Argumente

• Nennen Sie Vor- und Nachteile
und bewerten Sie diese

• Beschreiben Sie ein Argument
genauer.

Thema 1: Handyverbot an der Schule

Einleitung

In meinem Vortrag beschäftige ich mich mit der Frage, ob es ein Handyverbot an der Schule geben sollte. Diese Frage habe ich selbst schon oft gehört. So wurde bereits an meiner eigenen Schule über ein solches Verbot für Schüler nachgedacht.
Auch in den Medien ist die Problemstellung stark präsent.
Doch macht so ein generelles Verbot Sinn?

Hauptteil

1) Meine Meinung zu der Fragestellung ist, dass es ein generelles Handyverbot in Schulen geben sollte.

2) Als ersten Grund dafür kann man anführen, weil dadurch die soziale Kommunikation der Schüler untereinander stark eingeschränkt wird (Begründung), was die JIM-Studie im Jahr 2011 ergab (Beweis). Viele Schüler nutzen die Schulpausen, um ihre Emails zu checken, zu spielen oder die "Statusupdates" ihrer Freunde zu kommentieren, anstatt miteinander zu reden (Beispiel).

3) Ein solches Verbot sollte eingeführt werden, da so der Gruppenzwang und das Mobbing der Schüler verhindert wird (Begründung). Wie allgemein bekannt ist und auch jeder schon erlebt hat, werden Jugendliche längst nicht mehr nur wegen ihrer Kleidung oder anderem ausgegrenzt, sondern wegen ihres Handys.

4) Das in meinen Augen stärkste Argument jedoch ist, dass Schüler durch Handys vom Unterricht abgelenkt werden. (Begründung). Ich selbst habe es schon oft erlebt, dass andere Schüler während des Unterrichts mit ihrem Handy im Internet surfen, ein Handy im Unterricht klingelte oder ein Handy zum Abgucken in Klausuren benutzt wurde (Beispiele).

Schluss

Zusammenfassend lässt sich sagen, dass es viele wichtige Argumente
für das Handyverbot gibt. Insbesondere die Ablenkung und Störung im
Unterricht sind ein sehr wichtiger Punkt. Jeder Schüler sollte in Deutschland
die bestmögliche Ausbildung bekommen.

Thema 2: Sollten Kinder einen eigenen Computer(PC = Personal Computer) haben?

Einleitung

Diese Frage beschäftigt oft viele Familien. Viele Kinder wollen sich einen ersten eigenen PC kaufen. Die eine Seite sagt, "Nein, einen PC darf sich mein Kind nicht kaufen." Die andere Seite sagt, "Ja, ein neuer PC ist gut für mein Kind."

Hauptteil

Gegen den Kauf eines PCs spricht der Preis. Ein vernünftiger und brauchbarer PC kostet oft mehr als 600 Euro. Dieses Geld hat nicht jede Familie oder Jugendlicher zur Verfügung.
Außerdem geben PCs vor, wie man arbeiten muss.
Wenn die Aufgaben groß sind, muss man stundenlang vor dem Bildschirm sitzen. Oft ist man danach verspannt oder hat Rückenschmerzen.
Förderlich für die Gesundheit ist das in keinem Fall. Zumal Bewegung und Abwechslung sehr wichtig für die Entwicklung eines jungen Menschen sind.

Diese Argumente sprechen alle gegen die Anschaffung eines PCs. Jedoch gibt es auch einige Argumente für einen PC.

Ein Argument ist sicherlich, dass man lernt, mit Technik umzugehen. Durch die Arbeit mit dem Computer lernt man, den PC an- und auszuschalten. Wenn man einen PC zu Hause hat, weiß man irgendwann, wie man ihn bedient. Das ist, besonders für das spätere Arbeitsleben besonders wichtig. Ein PC bietet nicht nur die Möglichkeit, zu arbeiten, sondern auch zu spielen. PC Games helfen, sich zu entspannen und vom Schulstress abzureagieren. Zu guter Letzt bietet ein PC die Möglichkeit, sich im Internet komplexe Dinge eigenständig beizubringen. Das Internet zum Beispiel über sogenannte Tutorials ist voll von Wissen, welches man sich schnell und günstig aneignen kann. Verwehrt man jungen Menschen den Zugang über einen eigenen PC, schränkt man seine Fähigkeiten ein, sich selbstständig zu bilden.

Schluss

All diese Argumente zeigen, dass der Kauf eines PCs Vor- wie auch Nachteile bringt.

Besonders wichtig ist natürlich der Kostenfaktor. Ein PC samt Ausrüstung kostet Geld, auch der Strom, den der Computer verbraucht, wird teurer. Jedoch ist das Argument treffend, dass der Arbeitsmarkt immer mehr auf IT-Technik ausgelegt ist.

Für mich ist klar, dass ein PC keine schlechte Anschaffung ist, auch wenn man einige Aspekte im Auge behalten muss. Diese sind zum einen die Zeit, die man vor dem PC verbringt und dass Kinder nicht mit dem PC alleingelassen im Internet surfen dürfen.

Alles in allem überwiegen jedoch die Pro- Argumente. Ein PC sollte Kindern und Jugendlichen nicht verwehrt bleiben.

발표: 양쪽 참가자 약 8분

여러분은 한 세미나에 참석하여 짧은 강연을 하게 됩니다.

주제 1과 2 가운데 하나의 주제를 선택하십시오. 여러분의 의논 상대는 잘 듣고,
이어서 여러분들에게 질문을 합니다.

여러분의 강연을 서론, 본론, 결론으로 구성하십시오.
여러분의 메모와 아이디어는 준비 시간에 미리 적어 두시기 바랍니다.
말하기 시간은 **4분**입니다.

주제 1

> 학교에서의 휴대폰 금지
>
> - 몇 가지 주장을 설명하십시오.
> - 장단점을 이야기하고 이를 평가하십시오.
> - 한 가지 의견을 좀 더 정확하게 기술하십시오.

주제 2

> 아이들이 각자 컴퓨터를 소유해야 하는가?
>
> - 몇 가지 주장을 설명하십시오.
> - 장단점을 이야기하고 이를 평가하십시오.
> - 한 가지 의견을 좀 더 정확하게 기술하십시오.

주제1: 학교에서의 휴대폰 금지

서론

제 강연에서는 학교 내 휴대폰을 금지해야 하는지 여부에 대한 질의를 다룹니다. 이 질의는
저 스스로 수차례 들어 보았습니다. 그래서 이미 저희 학교에서도 학생들을 대상으로 한
이런 금지 조치에 대해 논의되었습니다.
미디어에서도 문제 제기가 강하게 나타나고 있습니다.
과연 이런 일반적인 금지 조치가 의미가 있습니까?

본론

1) 제기된 문제에 대해서, 교내에서는 일반적인 휴대폰 금지가 이루어져야 한다고 보는
   것이 제 입장입니다.

2) 그에 대한 첫번째 근거로, 이를 통해, 2011년 JIM-연구가 밝힌 것처럼 (증명) 학생들의
   사회적 의사소통이 상호 간 크게 제한될 수 있다고 보기 때문임을 들 수 있습니다. (근거)
   많은 학생들이 함께 이야기를 나누는 것 대신, 이메일을 확인하거나, 게임을 하거나 혹은
   친구들의 "상태 메시지 업데이트"에 댓글을 달면서 쉬는 시간을 보내게 될 것입니다.
   (예시)

3) 또한 이러한 금지 조치는 도입되어야 하는데, 학생들 서로서로 휴대폰에 있어서의 집단
   괴롭힘과 왕따를 막아 주기 때문입니다. (근거 제시) 일반적으로 잘 알려져 있는 것처럼
   그리고 이미 다들 경험한 것처럼, 청소년들은 결코 옷이나 다른 것들 만으로 차별받는
   것이 아니라, 그들의 스마트폰으로 인해서 차별받을 것입니다.

4) 그러나 저의 관점에서 가장 강력한 주장은, 학생들이 휴대폰 때문에 수업에 집중하지
   못하게 될 것이라는 점입니다. (근거) 제 자신도 이미 다른 학생들이 수업 시간에
   핸드폰으로 인터넷 서핑을 하고 휴대폰이 수업 시간에 울리거나 시험 중에 커닝하는
   용도로 쓰이기도 하는 것을 수차례 경험했습니다. (사례)

결론

요약해 보면 휴대폰 사용 금지에 대해 수많은 중요한 의견들이 있다고 말할 수 있겠습니다.
특히 수업 시간에 주의를 분산시키고 방해가 된다는 것이 가장 중요한 점입니다. 독일의
모든 학생들은 최선의 교육을 받아야 합니다.

주제2: 아이들이 각자 전용 컴퓨터 하나씩을 가져야 할까?

서론

수많은 가정에서 이 문제를 가지고 자주 논의를 합니다. 많은 아이들은 자기들 전용 컴퓨터를 사고 싶어합니다. 한편에서는 "안 됩니다. 저의 아이는 컴퓨터를 사면 안 됩니다"라고 이야기합니다. 다른 한편에서는 "네, 새 컴퓨터는 제 아이에게 좋습니다"라고 이야기합니다.

본론

컴퓨터 구입에 반대하는 입장에서는 가격을 이야기합니다. 번듯하고 괜찮은 컴퓨터는 600유로 이상 하곤 합니다. 이 정도 돈을 모든 가족들이나 청소년들이 쉽사리 쓸 수 있는 것은 아닙니다.
뿐만 아니라 컴퓨터는 일하는 방법을 틀에 맞춰 버립니다.
과제가 방대할 경우, 몇 시간이고 디스플레이 앞에 앉아 있어야만 합니다. 많이들 이후 근육 경련이나 요통을 호소합니다. 이는 어떠한 경우에도 결코 건강에 이롭지 않습니다. 그 중에서도 특히 몸을 움직이는 것과 자세 변경은 젊은층의 성장 발육에 매우 중요하기 때문입니다.

이러한 주장들은 모두 컴퓨터 구입에 반하는 이야기를 합니다. 그럼에도 컴퓨터 구입에 찬성하는 의견들도 있습니다.

기술을 다루는 법을 배운다는 것이 바로 그런 주장입니다. 컴퓨터를 가지고 일을 하면, 컴퓨터를 켜고 끄는 법을 배웁니다. 가정에 컴퓨터가 있는 경우, 언젠가는 컴퓨터를 사용하는 법을 알게 됩니다. 이는 특히나 이후 직장생활에서 매우 중요합니다.
컴퓨터는 일할 수 있는 기회뿐만 아니라 게임을 할 수 있는 기회도 제공합니다. 컴퓨터 게임은 긴장을 풀고 학교 생활의 스트레스로부터 기분을 풀 수 있게끔 도와줍니다.
끝으로, 컴퓨터는 복잡한 것들을 인터넷 상에서 스스로 깨우칠 수 있는 기회를 제공합니다. 예를 들어 인터넷은 소위 사용 설명에 관한 빠르고 저렴하게 습득할 수 있는 지식들로 가득 차 있습니다. 각자의 컴퓨터를 못 쓰게 막으면, 사람이 자립심을 키워가는 기회를 제한하는 것입니다.

결론

이런 모든 주장들은 컴퓨터의 구입이 장점은 물론이고 단점도 가져온다는 것을 보여줍니다.
특히나 중요한 것은 당연 가격적 요소입니다. 컴퓨터와 장비는 돈이 들고, 컴퓨터가
소비하는 전기도 비싸집니다. 그렇지만 노동 시장은 점점 더 IT기술에 기반을 두고 있다는
주장은 적절합니다.

제 입장에서는 몇몇 측면들은 예의 주시해야 함에도 컴퓨터는 나쁜 구매 물품은 아니라는
것이 분명합니다. 한편, 사람들은 컴퓨터 앞에서 많은 시간을 보내고 있고, 아이들이
인터넷을 사용할 때는 아이들을 혼자 두지 않아야 할 것입니다.

종합적으로는 찬성하는 의견이 더 우세합니다. 컴퓨터는 아이들과 청소년들에게 금지되지
않을 것입니다.

Diskussion:

핵심 전략

– 주어진 주제에 관한 심층 토론

– 제시된 주제에 관한 자신의 경험, 의견, 고국의 상황을 제시한다.

기출 토픽

– 취미, 여가, 건강,

– 학업, 직업, 교육

문제 풀이 전략

– 토론 시간이 총 5분이므로 개인적 의견을 간단하게 표현합니다.

– 제시된 4가지 항목을 모두 만족시켜야 합니다.

TIPP!

토론하는 방법

Standpunkt darlegen 주장을 밝히다	Ich denke, S V O 내 생각에는. Ich finde, S V O Ich bin der Meinung, S V O 제 생각에는. (정중하게) Meines Erachtens V S O
Vorschläge beurteilen 제안을 평가하다	Ich glaube, S V O 내 생각에는. Wenn du mich fragst, dann V S O Ich bin mir sicher, S V O (확신이 있을 경우) ───────────────────── Was denkst du? 너는 어떻게 생각해? Wie siehst du das? Was hälst du davon? ───────────────────── Hast du Erfahrungen mit …? …경험 있어? ───────────────────── Das sehe ich auch so. 나도 그렇게 생각해. Ich sehe das genauso. Nein, das sehe ich nicht so. 나는 그렇게 생각하지 않아.
Hypothesen aufstellen 가설을 세우다	Es könnte sein, dass 그럴 수 있다 Vielleicht V S O 어쩌면 ～할 것이다 andererseits 다른 한편으로는 Wie 어떻게 In meinem Heimatland Südkorea gibt es O 　　　　　　　　　　　　　　　　한국에는 ～있다

Teil 2

Diskussion führen Dauer für beide Teilnehmende: circa 5 Minuten

Sie sind Teilnehmende eines Debattierclubs und diskutieren über die aktuelle Frage unten.

Sollen manche Geschäfte künftig auch 24 Stunden geöffnet haben?

— Tauschen Sie zuerst Ihren Standpunkt und Ihre Argumente aus.

— Reagieren Sie dann auf die Argumente Ihrer Gesprächspartnerin/Ihres Gesprächspartners.

— Fassen Sie am Ende zusammen: Sind Sie dafür oder dagegen?

>>> Stichpunkte zur Hilfe

— Welche Vor- und Nachteile gibt es?

— Alternativen zu 24 Stunden lang geöffneten Läden.

— Geregelte Öffnungszeiten?

— Sind 24 Stunden Arbeit arbeitnehmerfreundlich? Warum(nicht)?

Beispiel

MP3 Track 07

Prüfer	Vielen Dank. Das war der 1. Teil. In Teil 2 führen Sie nun gemeinsam eine Diskussion. Es geht um die Frage, ob die Geschäfte künftig auch 24 Stunden geöffnet haben sollen. Erklären Sie Ihren Standpunkt und sagen Sie warum Sie ihn vertreten. Gehen Sie auf die Argumente Ihres Gesprächspartners ein und sagen Sie uns, ob Sie dafür oder dagegen sind.
Gesprächspartner/ -in A	Ich bin der Meinung, die Läden sollten nicht 24 Stunden geöffnet haben. Wenn die Läden lang geöffnet haben, dann muss man länger arbeiten. Das ist nicht gut für die Arbeitnehmer. Wie siehst du das?
Gesprächspartner/ -in B	Ich sehe das genauso. Ich finde, man sollte nicht sonntags arbeiten. Das ist nicht gut für die Gesundheit. Außerdem schadet es der Familie. Kennst du andere Alternativen zu 24 Stunden geöffneten Läden? Wie ist die Situation in deinem Heimatland?
Gesprächspartner/ -in A	In Südkorea gibt es 24 Stunden geöffnete Läden. Man braucht viel Personal und die Arbeitsbedingungen sind schlecht. Meiner Meinung nach sollten wir die Arbeitsbedingungen nicht nachahmen. In Korea sind die Aushilfen nicht krankenversichert und haben auch keine Rente. Das finde ich nicht arbeiterfreundlich. Wenn man arbeitet, sollte man auch eine Krankenversicherung haben. In Korea arbeiten meist junge Leute, weil sie tagsüber studieren oder so wenig verdienen, dass sie am Tag auch arbeiten.
Prüfer	Ja. Herzlichen Dank. Wir sind am Ende der Prüfung. Wir wünschen Ihnen alles Gute für die weitere Zukunft. Auf Wiedersehen
Gesprächspartner/ -in A Gesprächspartner/ -in B	Auf Wiedersehen!

토론: 양쪽 참가자 약 5분

여러분은 한 토론 모임의 참석자이고 아래에서 현재 문제에 대한 토론을 하게 됩니다.

몇몇 가게들은 앞으로
24시간 영업을 해야 할까요?

— 먼저 여러분의 견해와 주장을 서로 나누십시오.

— 그리고 여러분 상대방의 주장에 대응하십시오.

— 마지막으로 요약 정리 하십시오: 여러분은 찬성하십니까? 혹은 반대하십니까?

≫ 요점 힌트

— 어떤 장단점이 있습니까?

— 24시간 여는 가게들에 대한 대안.

— 정규 영업 시간?

— 24시간 노동은 직원 친화적인가? 그 이유는? 그렇지 않다면 그 이유는?

감독관	고맙습니다. 여기까지가 첫 번째 영역이었습니다. 두 번째 영역에서는 여러분들이 함께 토론을 할 것입니다. 토론은 상점들이 앞으로 24시간 영업도 해야 하는가에 관한 문제를 다룰 것입니다. 여러분의 입장에 대해서 설명하고, 해당 입장을 주장하는 이유를 이야기하십시오. 여러분 동료의 주장을 논하고, 여러분이 이에 찬성 혹은 반대하는지 우리에게 이야기해 주십시오.
응시자 A	나는 가게들이 24시간 내내 영업을 하지는 않아야 한다는 입장이야. 매장들이 오래 영업하면 사람들은 더 오랫동안 일을 해야 해. 이것은 직원에게 유익하지 않아. 너는 이것을 어떻게 보고 있니?
응시자 B	나도 정확히 그렇게 보고 있어. 나는 사람들이 일요일에는 일하지 않아야 한다고 생각해. 이는 건강에 좋지 않아. 게다가 가족들도 피해를 보게 돼. 24시간 여는 가게 말고 다른 대안 아는 것 좀 없니? 너희 나라의 상황은 어때?
응시자 A	한국에는 24시간 내내 여는 가게들이 있어. 많은 노동력이 필요하고 근로 여건이 나빠. 나는 우리가 이런 나쁜 근로 여건을 본받지는 않아야 한다고 생각해. 한국에서 비정규 근로자는 의료보험 지원을 받지 못하고 연금 혜택도 받지 못해. 이는 노동자 친화적이라고 생각하지 않아. 누구든 노동을 한다면, 의료보험 혜택도 있어야지. 한국에서는 대부분 젊은 사람들이 일을 하는데, 낮에 학교에 다니기 때문이거나 혹은 소득이 너무 적어서 낮에도 일을 하기 때문이야.
감독관	그래요, 고맙습니다. 이제 시험은 끝났습니다. 여러분 앞으로 하는 일들이 모두 잘 풀리기를 바랍니다. 안녕히 가십시오.
응시자 A, 응시자 B	안녕히 가세요!

정답

Lösungen

B2

Lösungen

Teil 1   Einführung

Lektion 1

S.21   **Übung 01**

1   Ich lerne in letzter Zeit/gerade/im Moment/derzeit Deutsch.

2   Ich warte jetzt/gerade/jetzt gerade auf den Bus.

3   Der Delphin ist ein Säugetier.

4   Wir essen jetzt/gerade zu Mittag.

5   Die Sonne geht im Osten auf.

6   Sie reden jetzt alle durcheinander.

7   Die Ferien beginnen bald/morgen.

8   Aller Anfang ist schwer.

9   Wir gehen morgen/bald ins Kino.

10   Die Sommerferien beginnen in diesem Jahr im Juli.

S.22   **Übung 02**

1   Es gewittert übermorgen.

2   Ich zahle morgen mit Karte.

3   Ich öffne gleich das Fenster.

4   Ich heirate nächste Woche.

5   Sie besucht ihn in zwei Tagen.

6   Das geht nicht gut.

7   Räum dein Zimmer auf!

8   Hör auf, zu lügen!

9   Schlag nicht die Tür zu!

10   Ich verreise morgen.

11   Wir treffen uns morgen um 13 Uhr.

12   Stell dich darauf ein. *Stell dich auf + 명사 ein.

S.24 Übung 03

1. Sie werden morgen angekommen sein.

2. Sie werden bis 19 Uhr nach Hause gegangen sein.

3. Ich werde die Hausaufgabe bis Ende dieser Woche abgegeben haben.

4. Ich werde ganz sicher um 17 Uhr angekommen sein.

5. Ich werde gepackt haben, wenn du mich abholst.

6. Morgen wirst du die Prüfung bestanden haben.

7. Ich werde den Koffer um 9 Uhr gepackt haben.

8. Ich werde die Arbeit bis morgen erledigt haben.

9. In zwei Monaten wird er sein Examen geschafft haben.

10. Wir werden es bald geschafft haben.

11. Wenn du in einer Stunde losgehst, wirst du den Bus verpasst haben.

12. Sie werden das Auto morgen repariert haben.

13. Der Film wird morgen ein Erfolg gewesen sein.

14. Ich werde den Test übermorgen bestanden haben.

Lektion 2

S. 27 Übung 01

1. Ich habe die ganze Nacht durchgelernt.

2. Ich bin letzte Woche auf Geschäftsreise gewesen.

3. Ich habe immer viel Sport gemacht.

4. Sie hat lange in Berlin gelebt.

5. Ich habe das Buch bereits gelesen.

6. Ich habe desöfteren koreanisch gegessen.

7. Ich habe lange nicht mehr Koreanisch gesprochen.

8. Ich bin gerade nach Hause gegangen.

9. Ich bin den Weg zu Fuß gegangen.

10. Ich habe vorhin gegessen.

S. 28 Übung 02

1. Er war sehr müde, weil er nicht gut geschlafen hatte.

2. Als ich im Büro ankam, war niemand mehr im Büro gewesen.

3   Als ich am Bahnhof ankam, war der Zug abgefahren.

4   Die Frau fuhr mit dem Auto nach Hause, nachdem sie getankt hatte.

5   Sie beendete die Freundschaft, nachdem sie die Wahrheit erfahren hatte.

6   Bevor sie nach Hause ging, hatte sie viele Dinge erledigt.

7   Nachdem ich den ganzen Kuchen aufgegessen hatte, war mir schlecht.

8   Die Deutschprüfung war sehr schwierig, obwohl ich in den letzten drei Monaten viel dafür gelernt hatte.

9   Bevor Yuna so gut Eislaufen konnte, hatte sie sehr lange trainiert.

10   Ich verstand alles, nachdem mir der Lehrer die Zusammenhänge erklärt hatte.

11   Bevor ich sie kennenlernte, hatte ich noch nie Blumen gekauft.

Lektion 3

S. 33   **Übung 01**

1   Er muss jeden Tag kochen.

2   Ich soll heute länger arbeiten.

3   Ich darf den Kurs besuchen.

4   Ich will ein Auto kaufen.

5   Ich möchte am Fenster sitzen.

6   Wir müssen Steuern zahlen.

7   Ich kann heute fliegen.

8   Ich muss den Termin absagen.

9   Ich will Deutsch lernen.

S. 34   **Übung 02**

1   Es wäre besser, wenn Kinder weniger fernsehen.

2   Frau Kim ist nicht imstande, Kaffee zu trinken.

3   Ich habe, morgen in die Uni zu gehen.

4   Ich habe die Möglichkeit, dir im Garten zu helfen.

5   Sie haben vor, am Wochenende auf den Flohmarkt zu gehen.

6   Ihm ist es nicht erlaubt, Auto zu fahren.

7   Sie hat vor, ihre Eltern im Sommer zu besuchen.

8   Es ist (3격 z. B. Ihnen) nicht erlaubt, hier zu parken.

9   Habt ihr vor, mich heute zu besuchen?

10   Ich bin nicht in der Lage, Erdnüsse zu essen.

11   Bist du imstande, Spaghetti zu kochen?

12   Meine Eltern haben, viel zu arbeiten.

13   Ich bin nicht in der Lage, Deutsch zu sprechen.

14   Es wäre besser, wenn Sie sich schonen.

S. 38   **Übung 03**

과거

1   Er soll 3 Sprachen fließend sprechen.
Er will 3 Sprachen fließend sprechen.

2   Er soll auf der Party gewesen sein.
Er will auf der Party gewesen sein.

3   Frau Lee soll Professorin sein.
Frau Lee will Professorin sein.

4   Er soll für die Regierung arbeiten.
Er will für die Regierung arbeiten.

5   Er soll so talentiert sein, wie Mozart.
Er will so talentiert sein, wie Mozart.

6   Sie sollen in einem Schloss leben.
Sie wollen in einem Schloss leben.

S. 39   **현재**

2   Er muss im Büro sein.

3   Er muss auf Dienstreise sein.

4   Er muss unten auf sie warten.

5   Er muss auf dem Weg sein.

6   Sie muss am Nachdenken sein.

S. 40   **과거**

1   Er muss einige Jahre im Krankenhaus gearbeitet haben.

2   Er muss einige Jahre für das Militär gearbeitet haben.

3   Er muss einige Jahre als Personenschützer gearbeitet haben.

4   Er muss einige Jahre in einem deutschen Unternehmen gearbeitet haben.

5   Er muss einige Jahre im Ausland gelebt haben.

S. 41 | Übung 04

1   Mein Bruder muss seit gestern in Berlin sein.

2   Sie wird in Deutschland studieren.

3   Sie könnte an der Seoul Universität studieren.

4   Sie dürfte krank sein.

5   Er wird mit dem Hotel unzufrieden sein.

6   Er müsste im Urlaub sein.

S. 42 | Übung 05

1   Ich muss die Schlüssel in meiner Tasche gehabt haben.

2   Er wird mich verstanden haben.

3   Sie könnte Koreanerin gewesen sein.

4   Er müsste große Angst gehabt haben.

5   Sie kann kein Geld bei sich gehabt haben.

Lektion 4

S. 44 | Übung 01

1   Die Stadt wurde mit Lebensmitteln versorgt.

2   Er wurde durch das Auswärtige Amt informiert.

3   Die Sitze werden eingenommen.

4   In Korea werden viele chinesische Schriftzeichen benutzt.

5   In Deutschland wird das Essen streng kontrolliert.

6   Die Gläser werden nicht auf die Plätze mitgenommen

7   In Korea werden Deutsch und Englisch gesprochen.

8   In Deutschland wird viel Brot gegessen.

9   Die Wäsche(Sg.) im Hotel wird durch den Zimmerservice gewaschen.

10   Eine Reise nach Dubai wurde geplant.

11   Die Anmeldung wurde akzeptiert.

S. 46 **Übung 02**

1 Das Zimmer muss aufgeräumt werden.

2 Der Tisch muss abgeräumt werden.

3 Die Hausaufgaben müssen gemacht werden.

4 Die Familie kann/darf angerufen werden.

5 Die Blumen sollen gegossen werden.

6 Die Mülleimer müssen entleert werden.

7 Die Wäsche muss aufgehangen werden.

8 Mein Kind muss vom Kindergarten abgeholt werden.

9 Das Gebäude muss um 18 Uhr verlassen werden.

10 Auf alle Gäste muss gewartet werden.

11 Die Qualität muss verbessert werden.

12 Eine Fahrkarte muss vorher gelöst werden.

13 Das Geld muss dem Boten mitgegeben werden.

S. 48 **Übung 03**

1 Menschen mit Behinderung dürfen nicht von Wahlen ausgeschlossen werden.

2 Die Entscheidung der EU kann nicht akzeptiert werden.

3 Der Vorgang kann wie folgt dargestellt werden.

4 Der Text kann mühelos erschlossen werden.

5 Die Umweltgesetze müssen befolgt werden.

6 Die Entscheidung der UN kann nicht nachvollzogen werden.

Lektion 5

S. 50 **Übung 01**

1 Wenn ich Geld hätte, würde ich mir einen Porsche kaufen.

2 Wenn es wärmer werden würde, würde ich ins Schwimmbad gehen.

3 Wenn es keinen Feinstaub geben würde, würden nicht so viele auswandern.

4 Sie würden nach New York fliegen, wenn ihnen jemand eine günstige Unterkunft anbieten würde.

5 Du könntest in aller Ruhe frühstücken, wenn du nicht verschlafen würdest.

6 Wenn die Politik handeln würde, würden die Schüler aufhören, zu streiken.

7 Ich würde ein Auto kaufen, wenn ich genug Geld hätte.

8 Ich würde mehr Bücher lesen, wenn ich mehr Zeit hätte.

9 Die Familie würde das Haus kaufen, wenn sie genug Geld hätte.

10 Das Flugzeug würde pünktlich landen, wenn der Luftraum über Frankfurt nicht so voll wäre.

S. 51 `Übung 02`

2 Die Wohnung ist <u>zu</u> teuer, als dass ich sie kaufen könnte.

3 Die Kinder sind <u>zu</u> aufgeregt, als dass sie einschlafen könnten.

4 Sein Deutsch ist <u>zu</u> gut, als dass er solche Fehler machen würde.

5 Er ist <u>zu</u> stolz, als dass er seine Fehler zugeben würde.

6 Niemand ist <u>so</u> klug, als dass man alles wissen würde.

7 Es war <u>zu</u> schrecklich, als dass man es mit Worten beschreiben könnte.

8 Das Wasser ist <u>nicht warm genug</u>*, als dass man im Meer baden könnte.

*zu + 형용사 아니면 부정사를 사용 가능

S. 53 `Übung 03`

2 Auch wenn das Wetter nicht gut wäre, würden wir einen Ausflug machen.

3 Auch wenn ich keine Zeit hätte, würde ich ihm helfen.

4 Auch wenn er sich kein Taxi genommen hätte, hätte er seinen Flug verpasst.

5 Auch wenn er die Prüfung nicht bestehen würde, würde er weiter studieren.

6 Auch wenn man Autofahren, fliegen und heizen nicht stoppen würde, würde das nur einen gerin-gen Einfluss auf die Erwärmung haben.

7 Auch wenn es keine Mehrheit geben würde, würde man am Anfang einer Koalition stehen.

S. 55　　Übung 01

Konjunktiv I Präsens 접속법 1식 현재

Er gehe.
Maria habe.
Sie lerne.
Er sehe.
Sie kaufe.

Konjunktiv I Präsens 접속법 1식 과거

Er habe gemacht.
Die Schüler seien geblieben.
Tom sei gelaufen.
Sie habe gelacht.
Sie habe geschlafen.

S. 56　　Übung 02

1　Erstmals treffe …

2　Kim Jong-Un sei … gefahren.

3　Sein Vater Kim Jong-Il sei … gefahren.

4　Der Großvater Kim Il-Sung sei noch nie … gereist.

5　Kim sei … ausgestiegen.

6　Offizielle sowie Mädchen mit Brot und Salz haben ihn begrüßt/
hätten ihn begrüßt.*

7　Er habe … abgerissen getunkt und probiert.

8　Kim habe … besucht.

9　1986 habe … gebaut

10　Das Haus der Freundschaft sei abgebrannt und man habe … wieder
aufgebaut.

11　Kim habe … übermittelt.

12　Kim habe … mitgebracht.

13　Die Zufahrt zum Bahnhofsgelände habe … abgeflacht.

14　Das Gespräch … finde … statt, wo Kim … wohne.

*접속법 1식의 복수 형태는 직설법과 형태가 동일하기 때문에, 가정법을 더 쉽게 알아보기 위해 접속법 2식 형태를 사용하는 경우도 있다.

S. 58 Übung 03

2 a) Sie will einen Beweis geliefert haben.

   b) Sie habe einen Beweis geliefert.

3 a) Sie soll engen Kontakt zu Ärzten der Charite Berlin haben.

   b) Sie habe engen Kontakt zu Ärzten der Charite Berlin.

4 a) Sie soll von Anfang an gegen die Installierung der Klimaanlage gewesen sein.

   B) Sie sei …

5 a) Sie will sich zusammen mit anderen Kollegen beim Bürgermeister beschwert haben.

   b) Sie habe sich…beschwert.

6 a) Der Bürgermeister wolle nichts über eine Beschwerde wissen.

   b) Der Bürgermeister wisse nichts über eine Beschwerde.

Lektion 7

S. 61 Übung 01

1 Der Baum an der Ecke soll gefällt werden.

2 …eine Schnitzerei aus Holz

3 ….die Frau mit den Zöpfen

4 Der Wettbewerb im Rathaus…

5 Der Hund meiner Nachbarin…

6 …ein Bonbon gegen Halsschmerzen

7 Die Musik der Künstlerin…

8 …das Heft von Yujin

9 Die Frisur der Lehrerin…

10 …die Fehler des Studenten

S. 62 Übung 02

2 Der Ausdruck innerer Stärke

3 Das Beste aller Zeiten

4 Alle Serien aus einer Hand

Lektion 8

S. 64   Übung 01

1   Die vollgepackten Gepäckstücke sind schwer.

2   Die mit hunderten Menschen gefüllten Busse erreichen die Grenze.

3   Mein immer auf dem Nachhauseweg trödelndes jüngeres Kind kommt später.

4   Das international operierende Unternehmen (…)

5   Die gewerblich genutzten Immobilien dürfen nicht vermietet werden.

6   Immer mehr gut ausgebildete und junge Menschen wandern wegen der politischen Umstände aus.

S. 65   Übung 02

2   Die im Moment noch fehlenden Unterlagen werde ich Ihnen so schnell wie möglich zuschicken.

3   Ich lege einen bereits adressierten und frankierten Umschlag bei.

4   Sie schreiben, dass die Anzahl der zur Verfügung stehenden Einzelzimmer sehr gering ist.

5   Besteht in den kommenden Monaten eine Chance auf ein solches Zimmer?

6   Mit den in Ihrem heutigen Angebot beschriebenen Konditionen bin ich einverstanden.

7   In der Anlage finden sich die mir auf der Reise entstandenen Kosten.

S. 66   Übung 03

2   Der Politiker hielt eine umstrittene Rede.

3   Der Redner hielt einen informativen Vortrag.

4   Es waren 50 aus der ganzen Welt angereiste Herzchirurgen.

5   Ich habe den von Ihnen verfassten Text nicht gelesen.

6   Er ging auf die nicht einfach zu beantwortenden Fragen ein.

S. 67

abhängen von + Dat.

Das hängt vom Wetter ab.

Das hängt von den Gästen ab.

Das hängt vom Restaurant ab.

sich gewöhnen an + Akk.

Ich muss mich an das kalte Wetter gewöhnen.

Ich muss mich an die vielen Hundehaufen gewöhnen.

Ich muss mich an die Unzulänglichkeiten der öffentlichen Verkehrsmittel gewöhnen.

Ich muss mich an die Dreistigkeiten der Menschen gewöhnen.

achten auf + Akk.

Man muss auf seine Tasche achten.

Man muss/sollte auf seine Gäste achten.

Man muss/sollte auf seine Gesundheit achten.

S. 68　**Übung 01**

· abhängen von

1　　Das hängt davon ab, wann die politischen Unruhen vorbei sind.

2　　Das hängt davon ab, wie das Wetter wird.

3　　Das hängt davon ab, wie die Entscheidung ausfällt.

4　　Das hängt davon ab, wie teuer die Reparatur wird.

5　　Das hängt davon ab, ob der Minister kommt.

6　　Das hängt davon ab, wo Sie wohnen.

7　　Das hängt davon ab, was Sie haben.

S. 69　**· sich gewöhnen an**

1　　Ich muss mich daran gewöhnen, dass das Klima trocken ist.

2　　Ich muss mich daran gewöhnen, dass er eine Eigenart hat.

3　　Ich muss mich daran gewöhnen, dass es dunkel ist.

4　　Ich muss mich daran gewöhnen, dass es hoch ist.

5　Ich muss mich daran gewöhnen, dass mein Chef immer schlecht gelaunt ist.

6　Ich muss mich daran gewöhnen, dass die Taxis in Deutschland teuer sind.

S. 70　· achten auf

1　Ich muss darauf achten, dass die Zuschauer gut versorgt sind.

2　Ich muss darauf achten, dass den Gästen nichts fehlt.

3　Ich muss darauf achten, dass du nicht zu schnell fährst.

4　Ich muss darauf achten, dass du Bargeld bei dir hast.

5　Ich muss darauf achten, dass du deine Tasche nicht verlierst.

6　Ich muss darauf achten, dass du nicht zunimmst.

S. 75　Übung 02

1　Ich kümmere mich darum, dass ich die Unterlagen beschaffe.

2　Ich kämpfe dagegen, dass die Meere verschmutzt werden.

3　Ich antworte darauf, dass die Heizkosten zu hoch sind.

4　Ich wundere mich darüber, dass die Straßen sauber sind.

Lektion 10

S. 77　Übung 01

· 좌우간 immerhin

· 불행하게도, 불운하게도 unglücklicherweise

· 칭찬할 만한 lobenswerterweise

· 현명하게 klugerweise

· 다행히도 erfreulicherweise

· 어리석게도 dummerweise

· 감사하게도, 고맙게도 dankenswerterweise

· 물론 natürlich

S. 78　Übung 02

1　vielleicht

2　zweifelsohne

3　bestimmt

4   sicherlich

5   möglicherweise

6   vielleicht

Lektion 11

S. 81   das A und O sein

2   Die Arbeitsorganisation ist das A und O für ein Unternehmen.

3   Gesunde Ernährung ist das A und O.

4   Werbung ist auch im Internet das A und O.

5   Sicherheit ist das A und O für uns.

6   Das A und O für ein erfolgreiches Dolmetschen ist die Vorbereitung der Dolmetscher.

7   Individualität ist das A und O der heutigen Zeit.

8   Erfolgreiches Networking ist das A und O in der Karriere.

9   Aufpassen ist das A und O.

10   Bewegung ist bei Diabetes das A und O.

11   Gute Nachbarschaft ist das A und O für das Wohlfühlen im Wohnumfeld.

S. 83   etwas (nicht) außer Acht lassen

2   Die Gründe für schwere Beine dürfen nicht außer Acht gelassen werden. (~잊어서는 안 된다)

3   Die Politiker dürfen die Bedürfnisse der Wähler nicht außer Acht lassen. (~잊어서는 안 된다)

4   Viele Menschen lassen das Thema Gesundheit außer Acht. (잊다)

5   Man darf die jüngsten Entwicklungen nicht außer Acht lassen. (~잊어서는 안 된다)

6   Kein Mitgliedstaat darf außer Acht gelassen werden. (~잊어서는 안 된다)

S. 84   unter Dach und Fach bringen/sein

2   Das Abkommen mit der Schweiz muss unter Dach und Fach gebracht werden.

3   In diesem Jahr wurden die bedeutendsten Gesetzesvorlagen unter Dach und Fach gebracht.

4   Wir haben die Reiseplanung unter Dach und Fach gebracht.

5   Der Vertrag wurde unter Dach und Fach gebracht, jetzt kann die Arbeit beginnen.(Passiv)

6   Die Beförderung von Herrn Kim zum Abteilungsleiter wurde unter Dach und Fach gebracht. (Passiv)

S. 87   den Gürtel enger schnallen

2   Der Haushalt von 2018 macht besonders deutlich, dass wir den Gürtel enger schnallen müssen.

3   Krankenschwestern und Busfahrer müssen in Zukunft den Gürtel enger schnallen.

4   Ich weiß nicht, wie ich die nächsten Monate überstehen soll. Vielleicht sollte ich lieber den Gürtel en-ger schnallen.

5   Wenn man nur noch 30 Euro zum Leben hat, dann sollte man den Gürtel enger schnallen.

6   Durch die drastische Erhöhung der Steuern, müssen die Griechen den Gürtel enger schnallen.

7   Daimler hat aufgrund der strengeren Abgasregeln seine Entwicklungsaufwendungen um 60 Prozent erhöht und muss wohl den Gürtel enger schnallen.

8   Bremens Lehrer, Eltern, Schüler, Arbeitnehmer und Beamte müssen schon länger den Gürtel enger schnallen.

9   Wenn Schulen den Gürtel enger schnallen müssen, wird an Kosten für Papier und Material für den Kunstunterricht gespart.

10 Die Europäische Union und sämtliche Mitgliedsstaaten müssen den Gürtel enger schnallen.

11 Nach der Rezession 2001 mussten viele Unternehmen den Gürtel enger schnallen.

12 Geschenke sind willkommen aber unnötig, in einer Zeit, wo jeder den Gürtel enger schnallen soll.

S. 89   viel um die Ohren haben

2   Stör mich bitte nicht, ich habe viel um die Ohren.

3   Durch den Umzug hat er sehr viel um die Ohren.

4   Er hatte mit seiner Arbeit so viel um die Ohren, dass er keine Zeit für seine Familie hatte.

Sie hatte ihren Mammographietermin nicht wahrgenommen, weil sie beruflich viel um die Ohren hatte.

6 Wer so gefragt ist, hat natürlich so viel um die Ohren.

S. 90   **etwas/nichts übers Knie brechen** nicht 주의!

1 Das A und O bei Privatrentenverträgen ist, nichts übers Knie brechen.

2 Der Fußballstar will wieder spielen, will aber nichts übers Knie brechen.

3 Die Debatte wird seit 25 geführt und niemand möchte etwas übers Knie brechen.

4 Eine Umstellung braucht Zeit, so etwas kann man nicht so übereilt übers Knie brechen.

5 Eine Bandscheiben-OP sollte man nicht übers Knie brechen.

6 Man sollte die Wiedervereinigung nicht übers Knie brechen.

S. 93   **etwas auf der Kippe stehen**

2 Wenn man den Wasserhahn beim Verlassen der Wohnung nicht zudreht, steht der Versicherungsschutz auf der Kippe.

3 Wir sind uns nicht sicher- alles steht auf der Kippe.

4 Der Ausgang der Wahl zum Bürgermeister steht auf der Kippe.

5 Bei einer Promillefahrt steht der Führerschein auf der Kippe.

6 Steht der Kapitalismus auf der Kippe?

7 Steht Weihnachten auf der Kippe?

8 Durch die Reformen steht die Zukunft von Kaffee-Pfandbechern auf der Kippe.

9 Der Zeuge berichtete, dass sein Leben oft auf der Kippe stand.

10 Momentan steht die Veranstaltung auf der Kippe.

11 Die Sanierung der Kunsthalle steht auf der Kippe.

12 Die Durchführung der Musikfestspiele steht auf der Kippe.

S. 95   **etwas in die Wege leiten**

2 Heutzutage kann man Bankgeschäfte bequem direkt online in die Wege leiten.

3 Wir haben im Juli Kollegen aus Korea eingeladen. Bitte leiten Sie alles Notwendige in die Wege.

4 Breit- Befürworter wollten eigentlich 2017 den Anstoß zum Beginn in die Wege leiten.

5 Man sollte die Firmennachfolge früh in die Wege leiten.

6 Das Jugendamt musste dieses Jahr bereits 239 Inobhutnahmen in die Wege leiten.

7 Spanien will eine Reform für eine EU-Ausweiskarte in die Wege leiten.

8 Hätte, hätte- Fahrradkettte! Rückengesundheit in die Wege leiten, bevor es zu spät ist.

S. 96   **auf dem Laufenden sein**

2 Wenn man im Job auf dem Laufenden sein möchte, sollte man sich ein Zeitungsabo machen.

3 Mit Indexaktien(Exchange Traded Funds) ist man immer auf dem Laufenden.

4 Viele Bürger wollen auf dem Laufenden sein.

5 Nach drei großen industriellen Revolutionen ist es wichtig, dass man in Wirtschaft, Politik, und Gesell-schaft über die aktuellen Geschehnisse auf dem Laufenden ist.

6 In der EU-Politik sollte man über. Die aktuellen Geschehnisse auf dem Laufenden sein.

Kapitel 2   유형별 필수 표현

Lektion 12

S.99   **Übung 01**

1격

2 Das ist der Baum, der mit Parasiten befallen ist.

3 Das ist der Arzt, der heute zur Visite kommt.

4 Das ist die Lehrerin, die neu an der Schule ist.

2격

2 Das ist mein Kollege, dessen Kinder auf das gleiche Gymnasium gehen wie meine Kinder.

3 Das ist die Mitarbeiterin, deren Mann bei der Telekom arbeitet.

4 Das ist das Auto, dessen Motor sehr leise ist.

5 Das ist der Raum, dessen Wände heruntergekommen aussehen.

3격

1 Mein Kollege, dem ich vor einer Woche geschrieben habe, hat mir noch nicht geantwortet.

2 Ein Bekannter, dem die Arbeit nicht mehr gefällt, sucht eine Arbeit.

3 Meine Nachbarin, der das Haus gegenüber gehört, ist nett.

4격/1격

1 Ich suchte meinen Wagen, den ich spät am Abend geparkt hatte.

2 Ich habe eine Tankstelle, die auch funktionierte, gefunden.

3 Jeder Antrag, der eintrifft, wird sorgfältig geprüft.

4 Jemand, der sich spät entscheidet, hat Pech gehabt.

5 Er verlangte eine Entschädigung, die er sofort erhielt.

6 Er hatte sich kurz vor seinem Geburtstag, den er im Krankenhaus verbrachte, sein Hüftgelenk gebrochen.

7 Er suchte seinen Anwalt auf, der gerade verreisen wollte.

8 Es gibt Menschen, die mit nichts zufrieden sind.

9 Sie entließen den Mitarbeiter, der 30 Jahre bei Ihnen gearbeitet hat.

10 Er wird ihr keine Schallplatten schenken, die sich nicht kennt.

11 Jene Leute bringen es am weitesten, die ehrlich sind.

12 Herr Müller ist der Kandidat, der die besten Aussichten hat.

13 Der Mann, den viele geschätzt haben, muss abtreten.

S.102 **Übung 02**

1 Das ist die Stadt, wo/in der ich früher gelebt habe.

2 Das ist die Werkstatt, wohin/in die ich mein Auto gebracht habe.

3 Das ist das Auto, wo/in dem wir gesessen haben.

4 Das ist das Restaurant, wohin/in das wir später gehen werden.

5 Das ist der Strand, wo/an dem wir später schwimmen gehen werden.

6 Immer dort/da*, wo er beruflich zu tun hatte, baute er sich gute Kontakte auf.

7 Ich bin in Italien überall dort, wo man gut shoppen kann.

8   Meine Frau verbringt den Urlaub dort, wo es gutes Essen gibt.

9   Ich stamme aus einem Stadtteil Seouls, woher/ aus dem auch Herr Kim stammt.

10   Er ging schon immer dorthin, wohin man ihn schickte.

11   Er stand auf einer Treppe, von wo aus er die Versammlung überblicken konnte.

12   Hawai ist ein Ort, wohin ich gerne einmal reisen würde.

13   Heidelberg ist die Stadt, wo/in der ich am liebsten studiert hätte.

14   Korea ist das Land, woher/aus dem meine Eltern stammen.

15   Das ist das Kino, wo/in dem der letzte Avengers Film läuft.

16   Das ist die Sprachschule, wo/in der ich früher gearbeitet habe.

17   An der Grenze, von wo aus die Umgebung kontrolliert werden konnte, baute man Türme.

18   Die Mieten der Wohnungen, von wo aus man die U-Bahn schnell erreichen konnte, waren sehr hoch.

*da, dort, 장소 부사 다음에 전치사를 사용할 수 없습니다.

Lektion 13

S. 106   **Übung 01**

2   Beim Kochen..

3   Beim Autofahren…

4   Bei der Ankunft/bei unserer Ankunft…

5   Bei günstigem Wetter…

6   Ohne Gepäck…

7   Beim Start/Mit dem Start/Zum Start* der Läufer…

*Zu, mit 사용가능한 명사들은 der Beginn, der Anfang, der Start… etc.

S. 107   **Übung 02**

2   Wenn ich nach Madrid fliege, kann ich während des Fluges die Protokolle lesen.

3   Wenn meine Arbeitswoche am Freitagnachmittag endet, bin ich danach nicht mehr zu erreichen.

4   Wenn das Treffen mit meinen ehemaligen Schulfreunden in zwei Wochen ist, werde ich dabei sein.

5 Als ich von den Nachrichten gehört habe, bin ich sofort zurückgereist.

6 Als ich in ein anderes Gebäude umziehen musste, sind viele Sachen verloren gegangen.

7 Wenn ich für meine Firma nach Frankreich fahren musste, habe ich jedes Mal den eigenen Wagen benutzt.

S. 108 `Übung 03`

1 Erst bei Feststehen/mit Feststehen der Abschlussnote beginnen manche Studenten mit den Bewer-bungen.

2 Während des Studiums/Während der Studienzeit haben viele Studenten in Korea nebenbei zwei oder drei Nebenjobs.

3 Vor der Bewerbung für die Stelle informierte er sich über die Arbeitsverhältnisse.

4 Nach einem Jahr Pause nahm er seine Arbeit auf.

5 Beim Abschicken der Email stürzte der Computer ab.

6 Mit dem Schulabschluss/beim Schulabschluss leisten manche Schüler ein "Freiwilliges Soziales Jahr".

7 Nach Ablegen der C1-Prüfung beginnt sie mit dem Studium.

S. 109 `Übung 04`

1 Nachdem sie die Prüfung bestanden hat, fühlte sie sich besser.

2 Während wir Kinder waren/ auch: Als wir Kinder waren, haben wir auf diesem Platz Fußball gespielt.

3 Bis das Projekt bewilligt wird, müssen noch viele Fragen geklärt werden.

4 Nachdem die Vorstellung endete, wurde ein kleiner Imbiss gereicht.

5 Bis die Verhandlungen abgeschlossen werden, werden noch Monate vergehen.

6 Nachdem man zwei Stunden diskutierte, waren alle erschöpft.

7 Bis sie ihre Ausbildung abgeschlossen haben, leben viele Studenten in Korea bei ihren Eltern.

8 Seitdem sie pensioniert wurde, engagiert sie sich ehrenamtlich für Obdachlose.

9 Nachdem das Programm beendet wurde, konnten die Teilnehmer per Bustransfer in ihr Hotel gelangen.

10 Seitdem der Skandal aufgedeckt wurde, sind die Aktienpreise gesunken.

Lektion 14

S. 111 **Übung 01**

1 Aufgrund, Wegen

2 wegen, aufgrund

3 wegen, aufgrund

4 wegen, aufgrund

5 aus

6 aus

7 vor

S. 113 **부사절을 부사구로 바꾸는 연습**

1 Vor Schreck fiel ihr das Glas aus der Hand.

2 Wegen vieler Erkrankungen/Krankschreibungen/Krankheitsausfälle fällt der Unterricht morgen aus.

3 Aus Furcht vor dem Hund blieb sie stehen.

4 Wegen eines Marathons ist die Innenstadt gesperrt.

5 Aus Mitleid nahm sie das Tier bei sich auf.

6 Aus Scham verschwieg er den Grund seines Fehlens.

7 Vor Anstrengung schwitzte er.

8 Wegen der Kälte beschwerte sich der Gast bei der Rezeption.

9 Vor Müdigkeit fielen ihr die Augen zu.

S. 115 **이유를 나타내는 단어들**

Wegen des Ärgers mit meiner alten Internetadresse habe ich eine Neue.

1 Ich habe eine neue Internetadresse, denn ich ich hatte Ärger mit meiner Alten.

2 Ich habe eine neue Internetadresse, ich hatte nämlich Ärger mit meiner Alten.

3   Ich hatte Ärger mit meiner alten Internetadresse, deshalb habe ich eine Neue.

Ich hatte Ärger mit meiner alten Internetadresse, ich habe deshalb eine Neue.

4   Ich habe eine neue Internetadresse, weil ich Ärger mit meiner Alten hatte.

5   Da ich Ärger mit meiner alten Internetadresse hatte, habe ich eine Neue.

Wegen ihrer immer besser werdenden Deutschkenntnisse hat sie bessere Chancen auf ein Studi-um.

1   Sie hat bessere Chancen auf ein Studium, denn ihre Deutschkenntnisse werden besser.

2   Sie hat bessere Chancen auf ein Studium, ihre Deutschkenntnisse werden nämlich besser.

3   Ihre Deutschkenntnisse werden besser, deshalb hat sie bessere Chancen auf ein Studium.

4   Sie hat bessere Chancen auf ein Studium, weil ihre Deutschkenntnisse besser werden.

5   Da ihre Deutschkenntnisse besser werden, hat sie bessere Chancen auf ein Studium.

Lektion 15

S. 117   `Übung`

1   zum, zwecks

2   zur, zwecks

3   Für

4   zur

5   zur

6   Zur, Zwecks

7   zur, zwecks

8   zur

S. 118   `부사구를 부사절로 바꾸는 연습`

1   Die Eltern mussten ihr Gehalt offenlegen, um die Wohnung zu erhalten.

2   Sie liest abends immer ein Buch, um besser einzuschlafen.

3   Die Leitungen wurden ausgebessert, um schneller an den Empfänger zu übermitteln.

4   Sie hat einen Deutschkurs belegt, um bessere Chancen auf dem Arbeitsmarkt zu haben.

5   Der Arzt gab ihr eine Spritze, um sie zu beruhigen.

6   Der Lehrer gab Ihnen eine schwierige Aufgabe, damit sie die deutsche Grammatik besser verstehen.

7   Der Lehrer schenkte dem Schüler eine Brosche, um sich zu erinnern.

8   Viele Studenten kommen nach Deutschland, um Musik zu studieren.

9   Die Eltern schickten ihren Sohn in ein Hakwon, um Deutsch zu lernen.

10 Mein Großvater benutzte eine Lupe, um (die)Zeitung zu lesen.

11 Der Vater kaufte sich einen Computer, um Emails zu verschicken.

S. 119   Finalsatz 문장 만들기

A) sonst/andernfalls = um nicht zu + 동사원형

2   Ich gehe nach langen Arbeitsphasen an die frische Luft, andernfalls werde ich depressiv.

3   Ich suche mir immer neue Herausforderungen, sonst wird das Leben monoton und langweilig.

4   Er meldete sich schnell an, andernfalls bekommt er keinen Platz im Kurs.

5   Er beeilte sich, sonst verpasst er seinen Flug.

6   Sie suchte sich einen Steuerberater, andernfalls bezahlt sie zu viele Steuern.

S.120   B) weil + wollte = um zu

2   Um seinen Arbeitsplatz nicht zu verlieren, suchte er sich immer neue Herausforderungen.

3   Um Jura zu studieren, legte er das C2 Zertifikat ab.

4   Um besser auszusehen, ließ er sich an den Augen operieren.

5   Um in Berlin zu studieren, nahm sie Kontakt mit einem Hochschulprofessor auf.

6   Um nicht den gleichen Fehler noch einmal zu wiederholen, versuchte sie sich an jedes Detail zu erinnern.

S.121 **C) möchte, deshalb = damit**

2 Damit sie für die Aufnahmen wieder in Form kommt, macht sie eine Fastenkur.

3 Damit die Gruppe so schnell wie möglich essen kann, beschleunigten sie ihren Laufschritt.

4 Damit die Nachbarn keine Fliegen im Haus haben, öffnen sie nie die Fenster.

5 Damit der Chef eine größere Wohnung haben kann, suchte er im Internet nach einer neuen Wohnung.

6 Damit die Lehrerin den Schülern Hilfestellungen geben kann, betonte sie die Buchstaben im Diktat.

S.122 **D) Ebenso: denn sollten = damit**

2 Die Freundin drehte sich nach dem Abschied nicht mehr um, damit der Abschied nicht schwerfällt.

3 Sie bekam die Beförderung, damit sie sich ein Auto kaufen kann.

4 Man schaltete das Internet ab, damit sie arbeitet, anstatt im Internet zu surfen.

5 Sie nahm an dem Intensivkurs teil, damit sie in Deutschland studieren kann.

6 Sie nahm extra Privatstunden, damit sie sich besser mit Deutschen unterhalten kann.

S.123 **목적과 의도 표현 연습**

1 Viele koreanische Studenten kommen nach Deutschland, um hier zu studieren.

2 Viele koreanische Studenten kommen nach Deutschland, damit sie hier studieren können.

3 Viele wollen hier studieren, dafür kommen sie nach Deutschland.

4 Vielen wollen hier studieren, deshalb kommen sie nach Deutschland.

5 Viele koreanische Studenten kommen nach Deutschland, um nicht in Korea zu studieren zu müssen.

Lektion 16

S. 124 **Übung**

1 der wiederholten Mahnungen

2 seiner Dienste

3 der Tatsache

4 seiner Hartnäckigkeit

5 seiner/der schlechten gesundheitlichen Verfassung

6 des strömenden Regens

S. 126 부사구를 부사절로 바꾸는 연습

2 Obwohl er gute Leistungen hatte, bekam er keine Empfehlung.
   Obwohl seine Leistungen gut waren, (…)

3 Obwohl seine/die Nachbarn Bedenken hatten, veranstaltete er die Party.

4 Obwohl es regnete, wurde das Spiel fortgesetzt.

5 Obwohl er viel Arbeit hat, besucht er regelmäßig seine Bekannten in Deutschland.

6 Obwohl es viele Anfragen gab, verkürzten sie die Bürozeiten.

7 Obwohl der Mietpreis hoch war, nahm er die Wohnung.

8 Obwohl viele krank waren, wurde der Unterricht fortgesetzt.

9 Obwohl E-Autos glorifiziert werden, schneiden die Autos in Umfragen schlecht ab.

10 Obwohl es viele Streaming Angebote gibt, gehen viele ins Kino.

11 Obwohl viele Arten sterben, essen die Menschen nicht bewusster.

12 Obwohl es Fahrradschlösser gibt, werden in Berlin viele Fahrräder geklaut.

13 Obwohl das Parken verboten ist, parken viele Autofahrer dort.

14 Obwohl er viel Arbeit hat, nahm er sich einen Tag frei.

15 Obwohl das Personal aufmerksam war, werden immer wieder Handys gestohlen.

16 Obwohl es viele Baustellen gibt, kommt man in Berlin gut durch die Straßen.

17 Obwohl er sich lange in Amerika aufgehalten hat, spricht er immer noch nicht fließend Englisch.

18 Obwohl die Arbeitslosenzahl steigt, tut die Regierung nichts.

19 Obwohl die Studiengebühren hoch sind, wird in Korea der Bachelorabschluss bei 87% der Studierenden angepeilt.

S. 129 제한 표현하기 연습

Trotz ihres Alters erfüllt sie ihre Aufgaben zur vollsten Zufriedenheit.

1 Sie erfüllt die Aufgaben zur vollsten Zufriedenheit, **obwohl** ihr Alter hoch ist.

2 **Zwar** ist ihr Alter hoch, sie erfüllte **aber** die Aufgaben zur vollsten Zufriedenheit.

3 Ihr Alter ist hoch, **trotzdem** erfüllt sie die Aufgaben zur vollsten Zufriedenheit.

Trotz vieler Termine ließ sie sich ihre Müdigkeit nicht anmerken.

1 Sie ließ sich ihre Müdigkeit nicht anmerken, **obwohl** sie viele Termine hat.

2 **Zwar** hatte sie viele Termine, sie ließ sich aber die Müdigkeit nicht anmerken.

3 Sie hatte viele Termine, **trotzdem** ließ sie sich die Müdigkeit nicht anmerken.

Lektion 17

S. 130 **Übung 01**

1 Infolge des fehlerhaften Umgangs konnte kein Garantiefall festgestellt werden.

2 Infolge des technologischen Wandels besitzt fast jeder ein Smartphone.

3 Infolge von Raub und Diebstahl wurde die Eingangstür tagsüber geschlossen.

4 Sie bekam die Stelle sofort infolge ihrer guten Deutschkenntnisse/ infolge der guten Deutschkenntnisse.

5 Infolge mehrerer Erkrankungen muss die Veranstaltung abgesagt werden.

6 Infolge des strömenden Regens wurden die Bauarbeiten abgebrochen.

1   Es gewitterte heftig, sodass Sachschäden in Millionenhöhe entstanden sind.

2   Sie wurde falsch behandelt, sodass sie nicht mehr gehen kann.

3   Der Sommer war so heiß, dass viele Deutsche an den Strand fuhren.

4   Sie hatte viel Stress, sodass sie sich Urlaub nehmen musste.

5   Es gab ein Hochwasser, sodass die Straßen unpassierbar waren.

6   Er war unerfahren, sodass er Probleme auf der Arbeit bekam.

7   Er wurde krank dadurch, dass er häufig Überstunden machte.

8   Seine Lunge erkrankte dadurch, dass er Tabak übermäßig konsumierte.

9   Infolge seiner Krankheit musste er absagen.

10   Infolge seiner vielen Arbeitstage wurde er krank.

11   Infolge des schlechten Wetters wurde die Grillparty verschoben.

12   Infolge seiner/der schnellen Sprache verstand ihn keiner.

13   Infolge des Geschreis des Patienten musste man ihn mit Medikamenten ruhig stellen.

14   Infolge der schweren Matheaufgaben demonstrierten 10.000(zehntausend(e)) Schüler.

15   Infolge seiner Erfahrungen meisterte er die Situation.

16   Infolge der Wärme hielt man es innen kaum aus.

17   Infolge der kalten Klimaanlage zog sie sich eine Erkältung zu.

18   Infolge des Atemanhaltens wurde ihr schwindlig.

19   Infolge des/ihres vielen Geldes konnte sie sich eine Villa leisten.

S. 134   결과 표현하기 연습

Infolge des starken Windes entschied man sich, nicht zu surfen.

1   Der Wind war stark, **sodass** man sich entschied, nicht zu surfen.

2   Der Wind war **so** stark, **dass** man sich entschied, nicht zu surfen.

3   Der Wind war stark, **weshalb** man sich entschied, nicht zu surfen.

4   Der Wind war stark, **deswegen** entschied man sich, nicht zu surfen.

5   Der Wind war stark. **Folglich** entschied man sich, nicht zu surfen.

S.135

Infolge der Komplexität der Aufgabe konnten die Schüler sie nicht lösen.

1   Die Aufgabe war komplex, **sodass** die Schüler sie nicht lösen konnten.

2   Die Aufgabe war **so** komplex, **dass** die Schüler sie nicht lösen konnten.

3   Die Aufgabe komplex, **weshalb** die Schüler sie nicht lösen konnten.

4   Die Aufgabe war komplex, **deswegen** konnten die Schüler sie nicht lösen.

5   Die Aufgabe war komplex. **Folglich** konnten die Schüler sie nicht lösen.

Lektion 18

S. 136

1   Während mein Kollege heute in den Urlaub fährt, muss ich noch 6 Wochen arbeiten.

2   Während ihre Mutter klein ist, sind die Kinder sehr groß.

3   Während Anna die Prüfung schon bestanden hat, muss Yuna die Prüfung wiederholen.

4   Während sie alle Privilegien hatte, mussten sich die anderen alles hart erkämpfen.

5   Während er früher nur auf dem Sofa saß, treibt er heute viel Sport.

6   Während man damals nur das Sprachzertifikat bestehen musste, sind heute gute Sprachkenntnisse gefragt.

7   Während Herr Kim den Bus nahm, fuhr sie mit dem Auto.

8   Während die Kinder ihrer Cousine sich nicht impfen ließen, ließ sie ihre Kinder impfen.

9   Während die ältere Generation keinem Youtuber folgen, vertraut die jüngere Generation auf das, was Youtuber sagen.

10 Während es gestern in Strömen geregnet hat, ist es heute schön.

11 Während meine Tochter Apfelsaft mag, trinke ich lieber Orangensaft.

Übung

1   Mein Mann würde gerne campen oder in die Berge fahren. **Demgegenüber** fahre ich lieber ans Meer.

2   Mein Mann würde gerne campen oder in die Berge fahren, **während** ich lieber ans Meer fahre.

3   Mein Mann würde gerne campen oder in die Berge fahren, **doch** ich fahre lieber ans Meer.

4   **Im Unterschied zu** meinem Mann, der lieber campen oder in die Berge fahren würde, fahre ich lie-ber ans Meer.

S.139

1   Mein Bruder kocht für sein Leben gern. **Demgegenüber** bin ich nicht so gern in der Küche.

2   Mein Bruder kocht für sein Leben gern, **während** ich nicht so gern in der Küche bin.

3   Mein Bruder kocht für sein Leben gern, **doch** ich bin nicht so gern in der Küche.

4   **Im Unterschied zu** meinem Bruder, der für sein Leben gern kocht, bin ich nicht so gern in der Küche.

S. 140

1   Früher haben die Kinder draußen in der Natur gespielt. **Demgegenüber** verbringen sie heute sehr viel Zeit vor dem Computer.

2   Früher haben die Kinder draußen in der Natur gespielt, **während** sie heute sehr viel Zeit vor dem Computer verbringen.

3   Früher haben Kinder draußen in der Natur gespielt, **doch** heute verbringen sie sehr viel Zeit vor dem Computer.

4   **Im Unterschied zu** früher, als die Kinder draußen in der Natur gespielt haben, verbringen sie heute sehr viel Zeit vor dem Fernseher.

S.141

1. Sie lernte durch regelmäßiges Deutschlernen mit Muttersprachlern Deutsch.

2. Er schaffte durch fleißiges Lernen sein Studium in Regelstudienzeit.

3. Durch seinen Fleiß schaffte er sein Studium in Regelstudienzeit.

4. Koreaner begrüßen sich mittels einer Verbeugung/ mit einer Verbeugung.

5. Die Banküberfälle sind durch den Einbau von Alarmanlagen zurückgegangen.

6. Der Kanzler wurde gestürzt, indem ein Misstrauensvotum durchgeführt wurde./indem man ein Misstrauensvotum durchführte.

7. Das Unternehmen konnte positive Ergebnisse vorweisen, indem sie die Kosten senkte.

8. Die Kinder haben einen Vorsprung dadurch, dass sie außerschulischen Unterricht bekommen/erhalten.

9. Das Unternehmen hat Probleme an der Börse dadurch, dass ein rassistischer Werbespot ausgestrahlt wurde.

10. Die Kinder sind unterernährt dadurch, dass sie schlecht versorgt wurden.

11. Viele Mitarbeiter behalten nicht ihren Arbeitsplatz dadurch, dass sie sich unzureichend(=mangeld(Synonym)) wertgeschätzt fühlen.

12. Dadurch, dass ein YouTube Video gezeigt wurde, wurde die Klimadebatte wieder neu aufgeworfen.

13. Radfahrer fühlen sich bedroht dadurch, dass Autofahrer zu eng überholen.

14. Jedes Jahr wurden 272 Millionen Euro erlöst dadurch, dass Plakatwerbung gemacht wurde erlöst. / Jedes Jahr wurden 272 Millionen Euro dadurch erlöst, dass Plakatwerbung gemacht wurde.

15. Man kann seine körperliche Fitness erlangen, indem man fastet.

S. 143   Übung

1. Man bekommt eine Zeitung, indem man sie abonniert.

2. Man schützt sich vor Gewitter, indem man sich flach auf den Bauch legt.

3   Man kommt in das oberste Stockwerk, indem man die Treppe nimmt.

4   Man bekommt seine vermissten Gepäckstücke wieder, indem man beim Fundbüro anruft.

5   Man bleibt gesund, indem man viel Wasser trinkt und genug schläft.

6   Man kommt am schnellsten zum Flughafen, indem man den Bus X9 nimmt.

7   Man kann abnehmen, indem man viel trainiert.

8   Man kann Geld sparen, indem man Preise vergleicht.

S. 145   **Übung**

Durch eine Schönheitsoperation erhoffen sich viele Frauen bessere Chancen.

1   Viele Frauen erhoffen sich bessere Chancen **dadurch**, **dass** sie eine Schönheitsoperation machen.

2   Viele Frauen erhoffen sich bessere Chancen, **so** machen sie eine Schönheitsoperation.

3   Viele Frauen erhoffen sich bessere Chancen, **ebendaher** machen sie eine Schönheitsoperation.

Durch einen Unfall wurde der Kaufpreis des Autos vermindert.

1   Der Kaufpreis des Autos wurde vermindert **dadurch**, **dass** es einen Unfall hatte.

2   Das Auto hatte einen Unfall, **so** wurde der Kaufpreis vermindert.

3   Das Auto hatte einen Unfall, **ebendaher** wurde der Kaufpreis vermindert.

S. 146 **Übung 01**

Was tun Sie…?		Nomen	Verb
1. … bei einer Erkältung?	, wenn Sie sich erkälten	die Erkältung	sich erkälten
2. … bei großer Hitze?	, wenn es heiß ist.	die Htze	heiß sein
3. …bei einem Fehler?	, wenn man einen Fehler macht.	der Fehler	einen Fehler machen
4. … bei einem plötzlichen Regenschauer	, wenn es plötzlich regnet.	der Regen	regnen
5. … beim Absturz Ihres Computers?	, wenn der Computer abstürzt.	der Absturz des Computers	ein Computer abstürzen
6. …bei einem Verkehrsunfall?	, wenn ein Verkehrsunfall passiert.	der Verkehrsunfall	ein Verkehrsunfall passieren
7. … bei Sodbrennen?	, wenn man Sodbrennen hat.	das Sodbrennen	Sodbrennen haben
8. …bei Verstopfung?	, wenn man Verstopfung hat.	die Verstopfung	Verstopfung haben
9. …bei Nasenbluten?	, wenn man Nasenbluten hat.	das Nasenbluten	Nasenbluten haben
10. … bei Verdauungs-beschwerden?	, wenn man Verdauungs-beschwerden hat.	die Verdau-ungs-beschwerden	Verdauungs-beschweren haben
11. … bei Verspätung des Zuges?	, wenn sich der Zug verspätet.	die Verspätung	sich verspäten
12. … bei einer falschen Abbuchung?	, wenn etwas falsch abgebucht wird.	die Abbuchung	abbuchen
13. … bei Überarbeitung?	, wenn man überarbeitet ist.	die Überarbeitung	Überarbeitet sein

Wir lieben Deutschland… .		Nomen	Verb
1. … wegen der wortreichen Sprache	, weil die deutsche Sprache sehr wortreich ist.	die wortreiche Sprache	wortreich sein
2. … wegen der Schwarzwälder Kirschtorte	, weil es die Schwarzwälder Kirschtorte gibt.	die Schwarzwälder Kirschtorte	geben(es) 고유명사
3. …wegen der Autos(Mercedes Benz, Audi, Volkswagen)	, weil es Autos gibt.	die Autos Mercedes Benz, Audi, Volkswagen	geben(es) 고유명사
4. …wegen der Brotkultur	, weil es eine Brotkultur gibt.	die Brotkultur	geben(es) 고유명사
5. … wegen der Toleranz für Vegetarier und Veganer	, weil Vegetarier und Veganer toleriert werden.	die Toleranz	tolerieren
6. …wegen der Pünktlichkeit	, weil man pünktlich ist.	die Toleranz	tolerant sein
7. …wegen der vielen Biere.	, weil es viele Biere gibt.	die Biere	geben(es) 고유명사
8. …wegen der hohen Qualität der Lebensmittel	, weil die Qualität der Lebensmittel hoch ist.	die hohe Qualität	die Qualität hoch sein
9. …wegen der grünen Tradition	, weil es eine grüne Tradition gibt.	die grüne Tradition	geben(es)
10. … wegen der Weihnachtsmärkte	, weil es Weihnachtsmärkte gibt.	die Wehnachts- märkte	geben(es)
11. …wegen seiner vielen Radwege.	,weil es viele Radwege gibt.	die Radwege	geben(es)
12. …wegen seiner großen Schriftsteller	, weil es viele Schriftsteller gibt.	die Schriftsteller	geben(es)
13. … wegen der Krankenversicherung	, weil es eine Krankenversicherung gibt.	die Kranken- versicherung.	geben(es)

14. …wegen der neben Müllkörben stehenden Pfandflaschen.	, weil Pfandflaschen neben Müllkörben stehen.	Die neben Müllkörben stehenden Pfandflaschen	Pfandflaschen stehen neben Müllkörben
15. …wegen der Gemütlichkeit	, weil es gemütlich ist.	die Gemütlichkeit	gemütlich sein

S. 149 Übung 01

2 Kinder werden durch Erzieher betreut.

3 Koreaner sind bereit.

4 Man erlernt eine Fremdsprache.

5 Koreaner machen häufig Grammatikfehler.

6 Die Konferenz ist gelungen.

7 Die Presse fragt an.

8 Kinder werden unterschiedlich behandelt.

9 Der Download, um sich zu orientieren./Die Orientierungshilfe, um downzuloaden.

10 Das Gespräch ist belanglos.

11 Man verzichtet auf Schokolade.

12 Man kauft ein Auto.

13 Er fliegt nach Paris.

14 Er sagt die Meinung.

15 Indem man das Smartphone benutzt, (…)

16 weil die Anwohner aufmerksam waren.

17 Obwohl die Nachbarn direkt daneben wohnen, (…)

18 Die Polizei hilft.

19 Das Internetportal veröffentlicht.

S. 151 Übung 02

Nominalstil	Verbalstil
1. Einschalten des Geräts	a) Das Gerät wird eingeschaltet.
2. Auswahl der Sprache und des Landes.	b) Die Sprache und das Land wird ausgewählt.
3. Einlegen der SIM-Karte	c) Die SIM-Karte wird eingelegt.

4. Entsperrung der SIM-Karte durch Eingabe der PIN	d) Die SIM-Karte wird entsperrt, indem man die PIN eingibt.
5. Herstellung einer W-Lan oder Mobilfunk-Verbindung	e) Eine W-Lan oder Mobilfunkverbindung wird hergestellt.
6. Übertragung Ihrer alten Daten auf das neue Gerät	f) Alte Daten werden auf das Gerät übertragen.
7. Aktivierung der Gerätesperre zur Verhinderung eines Fremdzugriffs	g) Die Gerätesperre wird aktiviert, um einen Fremdzugriff zu verhindern.

Teil 2　Training

Modul Lesen

Teil 1

1	b	2	c	3	a
4	d	5	c	6	b
7	c	8	a	9	d

a) Steven	Natürlich freue ich mich darüber, dass die Berliner Schüler kostenlos mit den öffentlichen Verkehrsmitteln fahren dürfen, Aber wer soll das bezahlen? Hat der Berliner Senat etwa eine geheime Geldquelle gefunden oder zahlt am Ende der arme Steuerzahler wieder dafür? 8) Oder werden dafür die Fahrkarten teurer? Dürfen die Schulkinder auch kostenlos mit der S-Bahn fahren? 3) Ein Fahrrad auch noch kostenlos mitnehmen, was die U-Bahn noch voller macht? Wenn man schon mit dem Fahrrad unterwegs ist, dann kann man auch gleich zur Schule radeln. 0) Ein bisschen Bewegung dürfte den Kindern nicht schaden.
b) Gustav	Wer beruflich mit Menschen zu tun hat, deren Kinder finanziell unter dem Limit leben, weiß, wie schwer sie es haben. Ich finde es gut für die Kinder, dass sie ab August frei fahren können. 6) Das Gerede von angeblich verschwendeten Steuergeldern ist unbegründet. Dann sollte man Straßen dicht machen, Ampeln abschalten, Fußballstadien schließen, da alles Verschwendung ist. 1) Alles, was für Kinder und Jugendliche förderlich ist, ist wichtig und gut.
c) Frieda	5) Ich finde, man sollte das Ticket nicht jedem schenken. Warum sollte es eigentlich immer der Staat sein, der auf Leute zugeht? 2) Wer bedürftig* ist, sollte einen entsprechenden Antrag stellen und die Bedürftigkeit nachweisen.

	Und dann wäre je nach Anzahl und Schwere der entsprechenden Fälle zu entscheiden, was zu geschehen habe. 7) Ich wäre bereit, die Monatskarte alleine weiter zu zahlen, damit Kinder, die es finanziell nicht so gut haben, die BVG nutzen können. **Allerdings zahle ich nicht für diejenigen, die das Geld eigentlich haben.**
d) Tabea	Wer sich über das BVG Ticket beschwert, sollte sich schämen. 4) Es gibt sehr viele Familien in Berlin, die sich nicht einmal den Weg bis zu einem Ausflugsort leisten können, geschweige denn dort den Eintritt. 9) Das kostenlose Schülerticket ist für sie ein wichtiger Schritt ins Leben. **Mobilität bildet und macht stark. Die einkommensschwachen Familien und Kinder sollte man nicht schlecht reden. Wo es konstruktiv zu kritisieren gibt, soll es so sein, aber nicht um jeden Preis wie zu diesem Thema. Ich finde es super, dass mal an die Kinder gedacht wird.**

Teil 2

10	a	11	e	12	c
13	b	14	h	15	d

Teil 3

16	c	17	c	18	a
19	a	20	b	21	c

Zero Waste ist eine Möglichkeit, seinen "ökologischen Fußabdruck im Alltag zu verringern" und davon zu profitieren. Zero Waste bedeutet nicht nur Müllvermeidung, sondern aus dem Konsumwahn auszubrechen.
0) Wer Verbraucher statt Konsument ist und nur kauft, was er braucht, der verschwendet weniger Zeit mit dem Einkaufen. **Man wundert sich, wie viel Zeit man plötzlich für die schönen und wichtigen Dinge im Leben hat. Wer nicht unnötig und blind konsumiert, spart auch Geld.**

Wer weniger konsumiert, sammelt auch viel weniger Besitz an. Und Besitz kostet! 16) Wer viele Gegenstände besitzt, braucht Regale, Schränke und sogar ganze Zimmer, um alles unterzubringen. Man zieht in eine größere Wohnung und zahlt höhere Mieten und hat höhere Nebenkosten. Mehr Besitz und Wohnraum kosten nicht nur mehr Geld, sondern auch mehr Zeit und Arbeit. Man muss mehr aufräumen, abstauben und sauber halten, mehr reparieren und instandhalten. Um sich alles leisten zu können, muss man mehr arbeiten.

Wer sich jeden Arbeitsmorgen einen Coffee-to-go für 1,50€ holt, der gibt allein dafür jeden Monat 30€ aus. Das allein geht ja noch, aber da kommt eine Menge dazu. Das reduzierte Oberteil, das man zufällig in der Innenstadt sieht, der Nagellack in der neuen Sommerfarbe, die süßen Deko-Artikel für jeweils nur wenige Euro, die ganzen Flaschen Mineralwasser. 17) All diese kleinen Ausgaben, summieren sich und fallen weg, wenn man Zero Waste lebt. Den Kaffee für unterwegs sollte man sich schon wegen des Einwegbechers nicht kaufen. Vielleicht manchmal, wenn man seinen eigenen Thermobecher mitnimmt.

Die gute Nachricht: Das Wichtigste bekommt man eigentlich in jedem Supermarkt verpackungsfrei, nämlich frische Lebensmittel. Leider ist es in Deutschland immer noch ziemlich schwer, die anderen Sachen ohne Verpackungen zu bekommen. In Städten wie Berlin, Kiel oder Bonn lebt, gibt es bereits viele Einkaufsmärkte, die ihre Waren unverpackt anbieten. 18) Es eröffnen aber glücklicherweise ständig neue Unverpackt-Märkte.

19) Die Lösung ist es, auf unverpackte plastikfreie Alternativen zurückzugreifen, wie z.B. Gläser, Tupperdosen oder Papierverpackungen. Der Konsum von allem, was wir für unseren Alltag nicht zwangsläufig brauchen z.B. Fertiggerichte und Junk Food, Coffee-to-go fällt wie oben erwähnt einfach weg.

Auch wenn man nicht alles unverpackt bekommt, so merkt man schnell, wie sich der Müll drastisch reduziert. Und wenn man wie wir im vierten Stock ohne Aufzug wohnt, freut man sich darüber, eigentlich kaum noch den Müll runter bringen zu müssen.

Zero Waste muss nicht nur als eine reine Müllvermeidungsstrategie angesehen werden, sondern kann als kompletter Lifestyle verstanden werden. 20) Wenn man sich auf das beschränkt, was man wirklich zum Leben braucht, vereinfacht man automatisch sein Leben.

21) Die neu gewonnene Zeit und das gesparte Geld können stattdessen für Erlebnisse ausgegeben werden. **Oder man investiert das Geld in hochwertigere und fair gehandelte Lebensmittel.**

Teil 4

22	h	23	e	24	a
25	d	26	f	27	c

Teil 5

28	c	29	f	30	h

듣기   Modul Hören

Teil 1

1	Richtig	2	c
3	Falsch	4	b
5	Falsch	6	c
7	Falsch	8	b
9	Richtig	10	a

Teil 2

11	c	12	c	13	z
14	b	15	a	16	a

Teil 3

17	c	18	a	19	b
20	b	21	a	22	c

23	a	24	b	25	c
26	a	27	b	28	a

쓰기 Modul Schreiben

S.247 Übung

연습하기 예시답안

1 Anna Berger, Fritz Fischer

Lieber Fritz,

Ich möchte nächsten Monat Urlaub nehmen. Ich möchte wissen, ob du mir helfen kannst. Wenn du mir hilfst, kann ich das nächste Mal für dich einspringen. Beispielsweise morgen oder morgen Nachmittag.
Es ist sehr wichtig, dass ich diese Woche frei habe. Daher bitte ich dich, mir zu helfen.

Liebe Grüße
deine Anna

2 Fritz Fischer, Anna Berger

Liebe Anna,

leider kann ich nicht für dich arbeiten, weil ich im nächsten Monat auf Geschäftsreise bin. Ich schlage vor, dass du dich direkt an Frau Lohmeyer wendest. Wenn Frau Lohmeyer einverstanden ist, kann ich für dich zwei Tage arbeiten.

Liebe Grüße

Dein Fritz

3 Anna Berger, Fritz Fischer

Lieber Fritz,

Danke für deine Hilfe. Ich habe mich bereits an Frau Lohmeyer gewandt. Es ist eine Ausnahmesituation. Ich werde mich an Frau Lohmeyer ein zweites Mal wenden.

Liebe Grüße

Deine Anna

4 Anna Berger, Frau Loymeyer

Sehr geehrte Frau Loymeyer,

ich bitte Sie um Rat. Ich würde im nächsten Monat gerne Urlaub machen. Herr Fritz Fischer würde zwei Schichten übernehmen. Ich werde Ihnen morgen einen Urlaubsantrag schicken, wenn Sie damit einverstan-den sind. Ich hoffe, Sie haben Verständnis für meine Situation.

Mit freundlichen Grüßen

Anna Berger

Memo